0~2岁 宝宝喂养与教养指南

聪明宝宝教养宝典

乐妈咪孕育团队 编著

甘肃科学技术出版社

图书在版编目（CIP）数据

聪明宝宝教养宝典/乐妈咪孕育团队编著.--兰州：甘肃科学技术出版社，2017.10
ISBN 978-7-5424-2450-1

Ⅰ.①聪… Ⅱ.①乐… Ⅲ.①婴幼儿—家庭教育 Ⅳ.①G781

中国版本图书馆CIP数据核字(2017)第236873号

聪明宝宝教养宝典
CONGMING BAOBAO JiAOYANG BAODIAN

乐妈咪孕育团队 编著

出 版 人 王永生
责任编辑 毕 伟
封面设计 深圳市金版文化发展股份有限公司

出 版 甘肃科学技术出版社
社 址 兰州市读者大道568号 730030
网 址 www.gskejipress.com
电 话 0931-8773238（编辑部） 0931-8773237（发行部）
京东官方旗舰店 http://mall.jd.com/index-655807.btml

发 行 甘肃科学技术出版社
印 刷 深圳市雅佳图印刷有限公司
开 本 889mm×1280mm 1/24
印 张 8 字 数 230 千字
版 次 2018年1月第1版
印 次 2018年1月第1次印刷
印 数 1～6000
书 号 ISBN 978-7-5424-2450-1
定 价 35.00元

编辑室的话

用对方法，宝宝学习好快乐

要了解幼儿的世界，必须了解他们在各个时期大致的发育特征。但是，如果只是了解幼儿在几岁几个月后“就能够做这些”、“能表现出这样的特征”等是不够的。必须进一步了解“宝宝开始不听父母的话”是由于心理上哪部分的发育所形成的，又影响了宝宝哪些具体的行动与变化，是不是发育过程中某些方面有了差异、原因是什么，等等。

零岁儿包括刚出生不久的婴儿和将满周岁的幼儿。在这个范围之中，零岁儿前半期和后半期的发育状况是完全不同的，然而在托儿所的零岁儿班里，也有已经满一岁的幼儿。同时每个宝宝的生长发育情况不同，因此应谨慎对待大数据统计出来的相关信息，根据自己宝宝的实际情况予以区别对待。

一岁儿是一个比较模糊的概念。因为，同是一岁儿童，既有刚刚满周岁的，也有隔天就要过两岁生日的。从整体上来看，一岁的前半期与后半期，儿童成长的各方面均有显著的差异。另外，在各幼儿园、托儿所的一岁班里，也不乏有已经两岁的孩子。更何况，每个儿童的家庭环境、生长环境与接受照料的经历也都不同，可以说，每位宝宝各自具有不同的“发育个性”。所以，切莫拿本书中的普遍规律硬套，以免有碍孩子的成长。本书是从孩子成长轨迹的现象着手，分析其原因及对策，进而使空洞的育儿理论得以具体化。

两岁儿是包括刚满两岁和即将度过三岁生日的幼儿。因此，幼儿在两岁的前半部与后半部，其成长的过程其实完全不同。再者，一般托儿所的两岁儿班，在同一班级中有两岁的，也有已满三岁的幼儿。更何况每个幼儿因育儿期间、家庭环境、地域环境等影响，各自具有不同的“发育个性”，若将现实中未经确认的统计所得的平均值强加到宝宝身上，反而会造成其发育上的障碍。

本书分别由“零岁幼儿”、“一岁幼儿”、“两岁幼儿”等部分构成，目的并不是在讲述幼儿发育的基准值及应对处理的方式，而是在说明幼儿发育过程及原因的基础，再讲述如何开启宝宝智力发展的关键，教爸爸妈妈培养出聪明健康的活力宝宝。

目录

Contents

Part 1 零岁宝宝的成长发育

Part 2
零岁宝宝的教养

Part 3 一岁宝宝的成长发育

Part 4 一岁宝宝的教养

Part 5 两岁宝宝的成长发育

Part 6 两岁宝宝的教养

Part7 宝宝的生活照护

Part 1
零岁宝宝的成长发育

婴儿期是一生体重增加最快的时期，旺盛的食欲、活跃的运动以及丰富的新陈代谢等，就是发育的明证。而母乳是妈妈送给宝宝最好的礼物，不仅提供幼儿所需的各种营养，还能增强幼儿的免疫力，且哺育母乳更能增进亲子之间的情感交流。此外，在婴儿成长的过程中，会带来很多令人振奋的喜悦，例如："他笑了"、"会叫爸爸了"、"能站起来了"，等等。这些时候父母的心中都充满兴奋和感动，而身为孩子的养育者如果没有这样的感动，就无法完全胜任父母的角色。

零岁宝宝身体的发育

婴儿期是一生体重增加最快的时期，旺盛的食欲、活跃的运动以及丰富的新陈代谢等，就是其发育的明证。

外观的成长

1.体重

体重表示身体的重量，也是了解小孩的成长与健康最适合的指标。婴儿时期是一生中体重增加最快的阶段，旺盛的食欲、活跃的运动以及丰富的新陈代谢等，就是其发育的明证。让我们来看看婴儿体重增加的过程。

婴儿刚出生时体重的平均值大约为3千克，3到4个月后会增加到刚出生时的一倍左右。之后增加的速度会渐渐变得缓慢，到周岁左右，体重大约是刚出生时的3倍。但是，这只是个平均值，因为每个幼儿的发育情形都不尽相同。有些早产儿的体重反而急遽增加，甚至超过平均值；而有的婴儿出生时体重较重，后来却渐渐回归到平均值左右。

2.身高

刚出生时的身高大约是50厘米。一岁时会增高1.5倍，即75厘米。身高也和体重一样，在3到4个月之前会急遽增加。身高是与生俱来的，每个婴儿发育情况不同，并非多吃、多喝就能长得更高、更壮，也不是在婴儿时期个子不大，将来身材就一定矮小。出生时很矮小的早产儿，到了幼儿期几乎都会健康地成长，甚至让人忘记他们曾经是早产儿。

3.头围、胸围

头围、胸围是表示头部和胸部大小的指标。刚出生时，与胸围相比，头部显得较大许多，但由于肺部开始吸入空气，因此一到两个月后，胸围就变得比头部大。所以，在判断头围的大小时，可与胸围进行比较。

4.测量方法

婴儿的体重和身高应在入浴后裸体时定期进行测量，不过冬天的时候，可穿着衣服测量，然后再减去衣服的重量（包括尿布）。

要测量一次喝多少母乳，只要先穿着衣服测量，喝奶后在同样的状态下再测量一次，然后计算出差值就行了。测量身高时，让婴儿躺着，头部顶住柱子或墙壁，全身伸直，脚底顶住四方箱子的一面；然后移开婴儿，测量柱子或墙壁到箱面的距离。头围可用卷尺测量眉间和后脑突出的地方。胸围以乳头的高度为准，用卷尺水平测量。

5.百分位数

在宝宝健康手册中常看到“百分位数”这个词。例如第10百分位数、第90百分位数，是指将测量100个健康婴儿的数值从小到大进行排列；由小到大的第10个数值就是第10百分位数，第90个数值就是第90百分位数。有了这个比较数值，宝宝的健康状况就一目了然了。

身体机能的发育

母体中的胎儿是在母亲的维护下发育的，但是出生以后，就必须完全靠自己了。呼吸必须由自己来延续，食物也必须自己来食用、消化、排泄，为适应环境还必须调节体温。这些都是从出生后才开始的，可以说，婴儿的身体从此有了不同的变化。体温的变化可以通过体温计清楚地了解，而且体温会随着生活环境和婴儿的身体状态而发生变化，必须随时加以注意。

在大脑体温中枢的作用下，体温大约在36℃到37℃之间进行波动。但是，婴儿出生未满2个月时，婴儿的体温调节功能还不能正常运作；因此一旦室温下降，其体温会降得更低。这段适应期间，应看作是婴儿在母体内的延续时间，要时常让幼儿保持温暖的状态。用不了不久，随着成长，即使没有穿很多衣服，婴儿自身也就具有一定的适应周围环境的能力。

用水银体温计测量体温时，将水银部分夹在腋下，让婴儿上肢紧贴着身体。为测量准确，测量时间以水银的刻度不再上升为止。一般需10分钟左右。若平时就定期测量体温，关键时刻就能够发挥作用。

运动机能的发育

刚出生的婴儿自己无法积极地运动，大多是反射性的动作，虽然手脚和身体都在动，但没有特别的目的。婴儿的嘴唇一旦接触到物品，就会想吸入口中，这是一种反射动作。吸吮母乳的动作即是如此，这是婴儿与生俱来的求生本能。

1.运动功能发育的原则

婴儿不久便能独自成长发育，这也是婴儿自身具备的能力。不过，发育也不是按直线向上发展的，而是遵循以下的原则：成长发育存在一个顺序，即从头向下、从身体的中心向末端发育；颈部挺直、会坐、独自站立，就是遵循于此。发育有突然加速和变缓的时候。可能在某一个时期什么变化也没有，过了这个时期却突然会做某件事，例如独自行走、说话等。

2.能够独自行走的经过

婴儿遵循着成长发育的原则不断发育。最初是颈部的挺直。在母亲抱着，或者婴儿入睡时移动颈部的过程中逐渐产生力量，能够在俯卧时用手支撑起上半身，颈部也能稳稳地撑住头。人类以前是四脚着地行走的动物，俯卧着抬起头是颈部挺直的基本。然后是翻身。但这是有个体差异的，有的婴儿在还不能翻身时就进入了下一个发育阶段。翻身一般是指从仰卧变为俯卧。

接着即是身体和腰部肌肉的发育，从而能够完成“坐”。最初比较难取得平衡，但不久就能坐着玩很长的时间。能够坐之后，一般就是开始爬行，持续一段时间以后就会开始扶着东西行走。但是有的婴儿不经过爬行，很早就从坐的阶段进入了支撑行走。这因人而异，并非异常。持续支撑站立、支撑行走后，有一天会突然转为独自站立或独自行走。一岁就能行走的婴儿，在10人当中会有4到5人；大约从一岁零三个月到一岁零四个月，几乎所有的婴儿就会独自行走了。

零岁宝宝的健康

零岁宝宝刚接触外在的环境，总是容易生病。该如何判断零岁宝宝的身心健康呢？零岁宝宝必须做的健康检查有哪些？

健康宝宝的状态

做父母的都希望孩子健康成长。但是，怎么样的状态才算是健康的婴儿？简单来说，是不生病。然而只以不生病来概括，似乎还不能完全表现出婴儿的健康状况。一般来说，应该再加上一条：顺利地发育。发育对婴儿来说是最为重要的指标，婴儿在身体长大的同时，还必须具备恰当的体型。这是大家共同的希望，但每个孩子都存在体格上的差异，长大的速度也各自不同，这就叫个体差异。以个体差异为基础顺利地发育，是一个健康的孩子应该具备的条件。

身体上的各种变化都应该包含在顺利发展的范围内。例如，呼吸功能和消化功能必须发育到运用自如的程度。运动功能也是一样，根据各年龄、月龄发育到相当的程度，是最理想的状态，但也不是一概而论。顺利地发育，是指在各个发育阶段，能够配合规律的生活，而这种生活又将引导出下一个阶段的发育。在各种发育上未受阻碍顺利成长的宝宝，就是健康宝宝。抚育孩子应该以顺利发育为目标。如果孩子的发育出现障碍，无论是短期或长期，健康状态都会出现问题，可能是生病或者发育不良。再来具体地看一看健康婴儿所呈现的状态。以下所述是良好的发育状态，也可以说是各方面相互配合的结果。

1.情绪好

情绪的好坏，是婴儿反应舒不舒服最重要的指标，只要一生病或者不舒服，情绪的变化最为明显。在各种疾病出现明显的症状前，婴儿的情绪多半会变坏，让大人可尽早发现其身体的变化。

2.活跃

没生病时，婴儿会不停地活动手和脚。当然表情也很生动。

3.哭声

哭泣可算是婴儿表达自己身体状态的媒介。身体状况正常时，哭声洪亮有力；若有什么地方不舒服，就会哭得无精打采，疼痛时则会哭得相当厉害；身体难受时，哭声会显得有气无力，心脏不好的婴儿就经常发出这样的哭声。

4.睡眠

睡眠上的个体差异相当大，甚至还会受到各种条件的影响，尤其受到健康状态的影响最大。睡眠有入睡、睡眠的深度、睡眠时间这三个要素。疾病的种类及轻重程度将影响其中的某些要素，若婴儿睡眠状态不好，就必须特别注意，可以从观察室温、盖被的厚薄、穿着的衣物、空腹及口渴的程度等方向着手。

5.食欲（哺乳欲）

婴儿喝奶的方式和吃离乳食物的方式都有显著的个体差异，但健康状态对食欲的影响最大。婴儿喝奶和进食方式与平常有所差异时，需仔细地留意，不仅要看吃的量多寡，还要观察喝奶或进食时的精神状态、速度及兴致。吸吮方式和进食方式与平常不同时，可判断为身体因素所致。

以上是简易的宝宝健康状态识别法。正如以上所说，各种疾病都存在特有的征兆，疾病发生的地方也会出现其症状（这被称为病巢症状）。此法对任何幼儿都适用，特别是在婴儿时期这种倾向相当强烈。因此，必须充分注意并观察一般状态的变化。尽早发现一般状态的变化，就能早期发现，早期治疗。

一般状态恶化时，说明宝宝的身体已有异状，必须做进一步的处理。这些都是影响幼儿发育（不仅指理论上的发育，还必须包括情绪上的安定）的重要因素。能够尽早发现这些状态变化的，是和幼儿朝夕相处的照顾者，在家中是母亲，在幼儿园或托儿所则是孩子的保育老师：必须要求他们在照料小朋友时，随时注意幼儿的健康状况。

一般状态不光是指突发性的健康问题，也就是患急性病（如感冒、麻疹等）时的状态。另外，慢性疾病也在观察的范围内。这时，不妨和其他健康的小孩进行比较。不过，还是要考虑到每位小孩个体上的差异。

宝宝的健康检查

以未满一岁的幼儿为对象进行的健康检查，最常见的是以三个月或四个月的婴儿为主要对象。

妇幼保健医院可以提供零至四岁儿童的健康检查，也可以在当地的卫生所、各大医院的儿科门诊进行。其中月龄以六个月左右和九个月左右的宝宝进行健康检查的情况较多。依照各项检查的结果如必须接受治疗，母亲和家人应接受医生建议，尽力配合。

一般的健康检查包含以下项目：发育状态、发展状态、疾病或异常、生活状态等。生活状态包括母亲与家人，甚至在托儿所中保姆的保育方法、营养供给方法、游戏方法、环境的安全措施，以及接触婴儿的方式等。通过诊察婴儿的身体或进行专门的检查，再配合母亲的说明并加以记录等方法，来了解以上的各种状况。

通过测量体重、身高、胸围及头围，和之前比较增加多少、发育值等。体格的大小当然重要，但增加的量也很重要。定期测量，研究其增加量，就能判断婴儿的营养是否恰当（特别是营养量）、是否患病，甚至还能判断痊愈状况，这样就能做出相应的改善措施。有关发展状态，是调查运动功能和神经功能是否发育到与其年龄相应的状态，假设与相应月龄的功能出现很大的差距，则须注意婴儿的发育是否迟缓，或者神经系统出了问题，同时还须评估母亲和照顾者的方法是否适当。

医生通过诊察来判断婴儿是否有疾病或异常，若有问题应马上进行治疗，并视情况决定是否再做进一步的精密检查。这时，婴儿的父母务必要听从医生的诊断。婴儿的生活状况有时会反映到身体和精神方面，所以对婴儿进行诊察，就能充分把握这种状况。婴儿的生活可以说是由照顾者支配的，通过观察婴儿的状态，就能了解婴儿是怎样生活的。

如果婴儿的皮肤有脏污、尿布疹或感染皮肤炎，可以判断是否是由对婴儿的照料不当所致。一般而言，发育状态不良、容易患病的婴儿，多半是由大人的照顾不周所引起的。健康检查对于有上述因大人的不当照料而患病的婴儿来说是相当重要的，一定要确实做好定期的健康检查，找熟识的医生，或到附近的医院进行健康检查或育儿咨询，尽量争取机会接受检查。

健康检查的时机

依据宝宝健康手册上规定的时间，或每一次打预防针时，都可以顺便做健康检查。首先是出生后一个月，对于育儿方法是否恰当、婴儿有无异常（特别是先天异常）应仔细检查，甚至还必须决定日后的育儿方针。通常，生产完一个月，母亲要到妇产科接受产后检查，这时婴儿也必须到小儿科医院去。这次检查非常重要，医生要对婴儿做出正确的判断，并给予母亲正确的指导，同时对母乳是否充足进行评估。湿疹等疾病也很容易在这个时期出现，若有股关节脱臼、斜颈或其他异常也应尽早发现，才能决定是否需要治疗。

接下来，三到四个月时应接受检查。在体重的增加达到一定程度，判定发育状态的好坏就成为一个重要的检查项目，此时也可观察颈部的挺直程度是否符合月龄应有的发育情况。让婴儿开始锻炼身体时，还要为断奶做准备。由于母亲与婴儿的接触已具有相当重要的意义了，所以，照顾婴儿的方式要在一开始就找到正确的方针。因此，这个时期的健康检查意义重大。

六个月左右最好能够再接受检查。这个时期容易罹患传染性疾病，断奶也逐渐上轨道。必须注意婴儿运动机能的发育状况、体重的增加及体型变化等方面。

到九到十个月时，大人已经习惯如何去照顾小宝宝，但偶尔还是会出现疏忽大意的情况。断奶后普通喂食已进展到一日三次，运动功能也发育到了相当程度，婴儿患病的频率就会相对增加，且容易发生事故。在满一岁的前后最好也接受健康检查，才能更了解婴儿的发育状态，对于一岁时容易发生的问题也可以尽早了解。健康检查对于婴儿非常重要，做父母的务必确实地让宝宝接受检查。

宝宝常患的疾病

一岁以前的婴儿对疾病的抵抗力弱，但刚出生的婴儿和接近周岁的婴儿差别很大，不一定要用相同方式处理。婴儿最常罹患的疾病是感冒，不仅婴儿，任何年龄层皆如此，但是，婴儿的抵抗力弱。距离出生的时间越短，患感冒的频率也就越高、越严重。

有些婴儿经常出现与感冒类似的症状，如咳嗽、哮喘、打喷嚏、流鼻涕、鼻塞等。这是对寒冷的自然生理反应，未必是由于病毒或细菌厌染造成的。由于这些状况与感冒的症状几乎相同，比较难判断是不是真的感冒，此时就要再从婴儿的喝奶方式、情绪、精神状态等方面加以观察。常见的宝宝疾病如下：

1.腹泻

通常因感冒而并发的腹泻与白便腹泻，需要马上治疗。然而有时候即使腹泻，但婴儿的食欲很好、情绪也稳定，只是大便较稀，并未出现呕吐和发烧的症状，这类情况称为单纯性腹泻或单一症候性腹泻，解决的方法通常只要停止喂食离乳食物，或稀释婴儿奶粉的浓度，宝宝就能痊愈。

2.呕吐

呕吐也是婴儿常出现的症状。呕吐是指胃里的食物因胃强烈收缩而产生逆流，是消化系统疾病中最常见的症状。婴儿本来就很容易呕吐，感冒也吐、患髓膜炎也吐，喝了过多的奶也会吐。当婴儿出现呕吐时，要仔细观察小宝宝是否还有其他症状。另外，呕吐和腹泻严重时，容易失去大量水分而发生脱水现象，此时一定要找医生检查。

以呕吐为主要症状的疾病中，需要注意的是幽门狭窄症和肠套叠。前者在出生两周左右开始剧烈吐奶，喝下去的牛奶呈喷水状吐出，只要通过手术很快就能治愈。后者除了呕吐之外还会剧烈腹痛，有时更会出现血便，这时必须马上处理。

3.先天性异常

婴儿的疾病中，先天性异常状况也很多。某些症状在婴儿出生后马上就会出现，有些症状却是在出生后一段时间才逐渐明显。

先天异常的原因较难判断，而且有的异常一目了然，有些则须经医生检查后才能发现。婴儿若大腿的成长状况差，而不采取任何措施，可能会演变成对行走造成影响的“先天性股关节脱臼”、“鼠蹊疝气”、“红屁股”等症。先天性股关节脱臼可通过包尿布的方式来进行预防，且一旦发现这种异常，应尽快依据整形外科医生的指示进行治疗。另外，疝气要通过手术才能根治，发现相关症状时，应尽快找医生检查，遵从医生的指示与建议，决定是否对宝宝施行手术，如果没有立即的危险，可以等宝宝大一点再动手术根治。

4.湿疹

湿疹是婴儿常见的疾病，但治疗过程却相当麻烦。婴儿较小时以脂漏性湿疹为主要现象，随着月龄的增加，有时会转移成异位性皮肤炎。请向医生仔细咨询，并遵照指示处理。擦药是湿疹最常用的治疗方法，但药膏的选择必须遵照医生的指示。若有其他可能造成湿疹的原因，应尽量与医生配合进行治疗。

预防接种

疫苗的接种，是为了预防可能造成死亡或终生患疾等重大疾病的发生，按时接受预防接种，可大幅减少感染的机会。因此，自新生儿起，即应定期接受预防接种，以有效防止传染病感染。以下逐一介绍与宝宝健康有切身相关的各种疫苗常识，让您从认识预防接种开始，保护您的小宝宝。目前常规预防接种疫苗的种类分为：

1.乙肝疫苗

乙肝是指当肝脏受到病毒、细菌或寄生虫的感染、嗜酒、某些药物或化学物质等的伤害，而在肝组织内发生肝细胞变质、坏死、白血球浸润等炎症反应。

乙肝疫苗的注射方式是，孕妇若为高传染性带原者（E抗原阳性或表面抗原效价大于或等于2560）、婴儿于出生24小时内需注射一剂乙肝免疫球蛋白及三剂疫苗。若孕妇为低传染性带原者（E抗原阴性或表面抗原效价小于2560）或健康者，其婴儿仍须按时接种三剂乙肝疫苗。三剂乙肝疫苗的注射方式为新生儿出生后3到5天、满1个月、满6个月各注射一剂。

有以下情况的婴儿，不适合注射乙肝疫苗：

1. 出生后观察48小时，认为婴儿外表、内脏机能及活动力欠佳者。
2. 早产儿体重未达2200克者（出生一个月后或体重超过2200克即可注射）。
3. 有窒息、呼吸困难、心脏机能不全、严重黄疸，昏迷或痉挛等严重病情者。
4. 有先天性畸形及严重的内脏机能障碍者。

2.卡介苗

目前在国内使用干燥活性减毒卡介苗来预防结核病，一般在结核病病例较多的国家，主张新生儿在还没受到感染时接种卡介苗，以便产生对结核病的抵抗力，并可避免造成结核性脑膜炎等严重症状，一般对初期症候的预防效果可达85%以上。

接种卡介苗7到14天后，在接种部位会有红色小结节。红色小结节逐渐长大，微有痛痒，4到6周可变成脓包或溃疡，不可挤压或包扎，只要保持清洁，用无菌纱布或棉球擦拭即可。经2到3个月溃疡会自然愈合，有时同侧腋窝淋巴腺会肿大，可请医生检查。如果接种部位肿胀厉害、有感染情形时，则需请医生诊断。

通常，在婴儿出生满24小时以后，就会施打卡介苗疫苗，但是在婴儿有以下情形时则不宜接种卡介苗：

1. 发烧、严重湿疹、患有严重急性症状及免疫功能不全者。
2. 可疑之结核病患，勿直接接种卡介苗，应先做结核菌素检测。
3. 新生儿体重低于2500克时。
4. 出生时伴有其他严重的先天性疾病。

3.白喉、百日咳、破伤风混合疫苗

三合一疫苗（DPT）是用来预防白喉、百日咳、破伤风，它是利用破伤风和白喉杆菌所分泌出来的外毒素，经减毒做成类毒素并与被杀死的百日咳杆菌混合制成的。如果要对这三种疾病有好的抵抗力，幼儿应在出生满两个月后接种第一剂三合一疫苗，在出生满四个月接种第二剂，出生满六个月接种第三剂，并在一岁半再追加一剂。

接种以后局部常有红肿、疼痛的现象，2天内可能会有轻度发烧、全身不适的感觉，偶有食欲不振、呕吐、轻微下痢症状，通常2到3天后会恢复。根据国外的统计，接种DPT疫苗的儿童，每330人中有1人会发烧至40℃或以上，可请医生处理。少数人在接种部位会发生脓包，父母必须注意观察，如接种部位红肿、硬块不消或持续发烧，则必须请医生处理。另外每100人约有1人可能出现持续性的哭闹3小时以上，每900人中有1人有异常尖锐的哭闹。

宝宝如有以下情况不宜接种三合一疫苗（DPT）：

1. 发高热。
2. 患有严重疾病者，但一般的感冒不在此限。
3. 病后衰弱，有明显的营养不良。
4. 患有心脏血管系统方面的疾病，以及肾脏、肝脏疾病者。
5. 由于有进行性痉挛症或神经系统可能有问题者，但已不再进行的神经系统疾病，如脑性麻痹等，则不在此限。
6. 对DPT、DT或TD疫苗的接种曾有严重反应者，如痉挛等。
7. 正在使用肾上腺皮质激素或抗癌药物治疗者。
8. 6岁以上。

4.小儿麻痹口服疫苗

目前用来预防小儿麻痹的疫苗有两种，一种是采用注射方式的死病毒疫苗或称为沙克疫苗，另一种是采用口服式的活病毒疫苗，又称为沙宾疫苗。每种小儿麻痹疫苗都有其优缺点，应参考各国小儿麻痹症的流行病学特征、国家的经济、居民的教育与生活水准及日常对疫苗接种率之高低等，选择一种最适合的疫苗推广，目前我国是选用沙宾疫苗。在出生后两个月接种第一剂；出生后四个月接种第二剂；出生满六个月接种第三剂。

此种疫苗只能口服不能注射，使用前、后半小时暂时不要吃任何东西。此外，当儿童患肠胃病时，最好延缓服用。一般服用后并没有什么反应，偶尔有轻微的肠胃症状，但尚不能确定是因接种疫苗所引起的。

若有以下情况，未经医生许可，不可使用口服小儿麻痹疫苗：

1. 发高热。
2. 免疫能力受损者。
3. 接受肾上腺皮质激素或抗癌药物治疗者。

5.麻疹疫苗

目前国内所使用的麻疹疫苗为活性减毒疫苗，预防率可达95%以上，最好在9个月大时接种一剂，15个月大时再追加一剂麻疹腮腺炎、德国麻疹混合疫苗（MMR)。如果曾经注射过免疫球蛋白、血浆或输血，则要等三个月以后才能接种麻疹疫苗，以免失效。接种后可能会有的反应如下：

1. 接种部位可能有局部反应，如红斑、发热或肿胀。
2. 接种者约有10%到15%在接种后4到10天会有轻微的发烧，并可能持续2到5天。
3. 接种者偶尔会出现疹子、鼻炎、轻微的咳嗽或柯氏斑点。

以上就是一般零岁儿所应接受的预防接种，在接受预防接种时，必须最优先考量宝宝的身体状况。像是发高热这种很明显知道宝宝生病的情况下，当然不能接受预防接种。最好先跟医生商量，再决定是否要接种。

接种完后一样可以过平常一般的生活，只是暂时不要让宝宝做激烈的运动和带宝宝外出。尽量让宝宝休息，同时也不要摩擦或碰触宝宝接种的部位，并仔细观察宝宝的生理反应，随时注意是否有副作用的发生，如果有高热不退、昏睡不醒等严重症状发生时，一定要尽快送医检查。

在接受预防接种时，必须最优先考量宝宝的身体状况，健康的宝宝才能进行预防接种。

零岁宝宝的运动

神经系统的成熟对婴儿期运动的发育有重大的影响，应按照一定程序向前发展，不要一味地强迫婴儿学习，宜重视各个阶段的活动。

神经系统的运动

婴儿期是身心发育和发展最迅速的时期，运动的范围也较新生儿期有较大的变化。新生儿期进行的运动不过是各种“反射”和四肢、躯干毫无意义的动作。到了一岁左右，宝宝就能够独自步行、用手抓东西，控制自己的行动了。要理解婴儿期运动的发育变化；必须先了解神经系统的运动，因为婴儿期运动的发育与中枢神经系统的成熟有着密切的关联。

中枢神经系统是由大脑、脑干（从间脑到延脑）、脊髓等部分构成的，其运动的特征是，较上位的部分控制脊髓等较下位的部分。新生儿的神经细胞虽已发育完全，但作为神经细胞之间连接的神经腱结合和神经纤维的髓鞘化（正如电线用胶布包裹一样），即指形成了一层薄膜，依靠这层薄膜，神经纤维的传送效率才能有飞跃性的提升。所以在新生儿期可以看到受脊髓和脑干支配的反射和僵硬的肢体运动，显示出“反射的一体化”、“反射的集合体”等多种反射；虽然咳嗽、打喷嚏表现得和成人一样，但还存在出生后数个月内独特的反射现象，称为新生儿反射。较常见的是手和脚的反射动作、让其支撑站立脚就会交替活动的步行反射、突然改变头的位置胳臂就会猛然向上伸展的反射等。

随着中枢神经系统的成熟，较上位部分的运动开始发育。从一到三个月开始，新生儿反射和僵硬的运动逐渐消失，而由中脑支配，称为意识反射的行为开始出现，具有代表性的是，头部可以自己保持直立。意识反射指的是颈部的挺直、翻身、坐姿、站姿的保持。宝宝在七到八个月时，开始出现与大脑皮质有关的平衡反射，站立时受到推力会向前迈进以保持平衡，或在快跌倒时伸出手臂，以免脸部和头部受伤等的让全身适应身体重心变化的反射。这种反射对于宝宝在坐或站时平衡的保持，以及步行时相当有用。

婴儿期的运动发育，存在着从内部进行控制的多种反射，一般分为大幅度运动和细微运动。所谓大幅度运动是指颈部的挺直、坐姿、独自步行等带动全身的移动运动及保持平衡的运动，也就是各种姿势的维持，如腹卧位、背卧位或坐位等与这个时期相应的姿势，直到步行的功能完全建立。

细微运动是指用手抓东西、使用汤匙、拿笔画图等手部的细微运动，这些都关系到物件的操作。婴儿期细微运动发育的目标是手部的自由伸展及运用自如，用手抓起物品，并通过操作（看、放至口中、晃动等）了解自己手部的动作和物体的性质。

大幅度运动姿势的发育

婴儿期运动的发育进度可说相当迅速，在婴儿俯卧、仰卧时都能看到各式各样的变化。大幅度的运动姿势发育如下：

1.仰卧的姿势

出生满一个月之前，婴儿的脸会朝向侧面，四肢稍微弯曲，手掌也轻轻握着拳头。到两个月时，脸就能够朝向正面仰躺，四肢也开始伸展了，手张开的时候更多了；也能够紧盯着一样东西，视线可以随物品移动，脸也可以一起转动了；开始会吸手指，两手也可以合在一起。二到三个月的婴儿会逐渐把脸侧向一边，面向的那只手臂会完全伸展，而另一只手臂则弯抬到头部附近，这是紧张性颈反射（TNR），五个月以后这样的动作便会完全消失。

四个月时较能维持左右姿势的对称，若给他玩拨浪鼓，他会紧紧握住、或紧盯着、或放入口中。也开始会弯起膝盖试着离开床铺。到了五个月，宝宝一旦看到玩具，就会伸出双手去抓。也会弯曲膝盖并将脚抬起来，会用手去摸膝盖等。这时视线会追随眼睛看到的东西转动，身体也会侧翻。

2.俯卧的姿势

如果让满月的婴儿俯卧，他就会将脸朝向侧面，弯曲下肢缩到腹部附近。到了两个月时，婴儿才会开始伸展下肢，不定时地抬头，表现与重力抗衡的力量。到了三个月，他就能够用手肘撑起上半身，完全抬起头。俯卧时抬起头，即是颈部直立的前准备动作。这个时期的婴儿，不要让他躺在床上后就放任不管；应多帮婴儿变换姿势，有时俯卧，有时抱起。

宝宝在五个月左右，曾经当作支撑力量来源的手肘会向旁边伸出，抬起头部，撑起身体，逆伸展双腿；摆出犹如“飞机”的姿态。大约六个月时就能够伸展双臂，用手撑起上半身。可以张开手撑起身体也表明婴儿已能够灵活运用手指，紧紧握住东西了。

这一段只会仰卧和俯卧的时期，爸爸妈妈不可完全任其自然发展，而应该适时替宝宝变换各种姿势。为了让婴儿多活动，可在洗澡或换尿布时，让他光着身子一会儿，尽情地伸展手脚。事实上，吸吮手指、蹬腿等，也是有助于婴儿了解自己身体的重要动作。

3.颈部的挺直

婴儿在出生后三个月左右，被抱起时头部就不会到处晃动了。四个月左右，扶他坐着，即使上半身还会稍稍倾斜，但是头部也大致能保持垂直，表示宝宝的发育已经进入了意识反射的阶段，这时就表示宝宝颈部已经能挺直了。颈部的挺直是以后运动发育的基础。婴儿之所以能够仰卧着盯住天花板，或者俯卧时看着眼前的东西，就是因为颈部的发育已达到阶段性的成熟。

4.翻身

翻身对婴儿来说，意味着第一次可以依靠自己的力量移动。一般而言，宝宝在五到七个月时才会翻身，靠自己的力量来改变身体的位置，在这之前都必须依靠照顾者来进行。

翻身的步骤从仰卧开始，抬起手和脚，能够用手抓住脚；下肢向侧面偏倒，整个身体变为侧卧；然后抬起头，扭动上半身，变为俯卧。

5.坐

能够坐，则表示小宝宝不仅头部，连整个躯干都能保持垂直。最初是两手支撑在前方，弯着背坐；到了七到八个月时，不需用手支撑就可以把背脊伸直，还能够扭转身体去抓身边的东西。

“坐”意味着婴儿不仅视野扩大，而且手也能自由运动，这时的婴儿对周遭事物会表现出相当大的兴趣。在天气晴朗的日子，可以推着婴儿车外出散步。借助散步可以让婴儿接触室外的空气，也可以有机会接触到新鲜事物，看到和自己一般大小的孩子，母亲们也可以趁机相互交流，一举数得。学会翻身和坐的婴儿，体态也开始结实了，渐渐地会开始喜欢能充分活动身体的游戏。

6.爬行

“爬行”有很多形式，腹部爬行是腹部贴地，用肘、膝盖、脚趾来前进；四肢爬行是用手和膝盖；高位爬行是膝盖离开地面，抬起腰，用手和脚底前进。在腹部爬行、四肢爬行中，手脚的移动方式有相当大的变化。

之所以能够做到腹部爬行，是因为婴儿已能够在俯卧时伸展手腕，用手支撑上半身。在手能够支撑上半身的阶段，将玩具放到婴儿眼前够不着的地方，婴儿就会伸手去拿。如果放到身体的侧面，婴儿会以肚脐为中心扭转身体；当他可以做到方向的转换后，不久就能开始腹部爬行了。

要做到四肢爬行，必须先做到腹部爬行以及会做四肢爬行的姿势，身体前后移动是进行四肢爬行移动的准备。不必因为婴儿不停地移动身体而大惊小怪或担心“恐怕是不好的习惯”。至于高位爬行，则有很多婴儿不会做。

总之，学会爬行，尤其是四肢爬行，能够大幅增加移动的速度，也可以扩大行动范围。四肢爬行是接下来支撑站立和支撑步行发育的重要基础。然而最近完全不经过爬行的阶段就直接站立的婴儿正不断增加，或者是爬行时间逐渐缩短，究其原因可能是房间窄小没有爬行的空间，或者长期使用学步车，即使在游戏空间宽广的托儿所也有许多不会爬行的婴儿。做父母的或保姆应尽量为婴儿安排能自由爬行的环境，不要急于让他跨到站立的阶段，因为爬行可以刺激脑部的发育。

7.独自行走

在某天、某一瞬间，婴儿开始会独自行走了。战战兢兢地放开手一个人站着，然后突然向母亲奔过来。虽然只走了两三步，但意味着能够独自行走了。在多次、多日反复练习的过程中，婴儿的脚步逐渐踏稳，对走路也开始有了自信，通常要进步到能一小段时间持续步行，只要再多加练习一段时日即可。

独自步行是从四肢爬行、支撑站立、支撑步行等移动能力，即不必支撑就能保持站立的能力发育起来的。有50%的小孩在满周岁时就会开始独自步行，90%的小孩在十五个月时都会走路了。通常，发育较早的孩子在出生满十个月左右开始学会走路，较迟的孩子要到十五个月以后才会走路，这是每个孩子都会有的个体差异。

独自站起来行走，是一个能够带给小孩很大的自信的行为，而且小孩的行动范围也会扩大到外面的世界。婴儿期较显著的运动发育，几乎是集中到学会步行之后。但是，经历俯卧、仰卧姿势、颈部的挺直到四肢爬行、支撑站立、支撑步行、独自步行的过程，是一点也不能疏忽的。

细微运动姿势的发育

1.吸吮手指——手和嘴地协调

婴儿很喜欢手，即使是新生儿也会常常把手放入口中。出生满两个月时，几乎所有婴儿都会把手指放入口中吸吮，刚开始还不能顺利放入口中，即使放进去也会很快从口中掉出来。开始只是握拳头，逐渐会熟练地将手指放入口中，每个婴儿习惯吸吮的手指都不一样：不管是哪一根手指，都是吸吮（吸吮反射）和手的活动同时作用的结果。

吸吮手指经常被看作是一种坏习惯，但从婴儿期手与嘴协调运动的发育来看，不妨认为是手部运动的发育，代表婴儿可以随心所欲活动自己的手。吸吮手指的情形在六个月时有减少的趋势，因为这时婴儿已能伸出手抓东西，不仅开始接触自己的身体（手指），而且扩展接触周围的物质世界。即使吸吮手指已减少，婴儿也会把其他东西放入口中。

2.Handregard——手眼协调

出生二到三个月时，婴儿会目不转睛地盯着自己的手，然后做出有特征性的动作。这称为handregard（手眼协调〉，与吸吮手指一样，是了解自己身体（手）的重要行动。在handregard时期，婴儿能够握住拨浪鼓一会儿，然后摇几下，一会儿放入口中，一会儿又拿出来盯着看。爸爸妈妈可经常让婴儿握住拨浪鼓，轻轻摇晃婴儿握着的手，并不时对着他说话。当婴儿聚精会神地“研究”自己的手时，请贴心地不要打扰他。

3.伸展双手

伸手去抓眼前的东西，是经历了之前所说的吸吮手指、handregard，从视觉上控制手的活动之后发育形成的。伸手运动，是在细微运动的发育中的极为重要的一环，小宝贝就是经由此开始与事物积极进行接触的。

四个月左右，一旦对眼前的东西发生兴趣，坐在摇篮里的婴儿就会挺起身体，噘起嘴，抓着扶手的手一会儿张开一会儿并拢。若手的附近有东西，就会伸出手去抓，但还不能熟练地抓到手中。在宝宝五个月的时候就能比较顺利地抓住出现在身体正前方的东西了。六到八个月时，就可以有意识地扔下握在手里的东西，也可以将东西从一只手换到另一只手。

4.指尖的动作

让婴儿手握积木，最初是用整只手来握，到了七到八个月时就变成用拇指、食指和中指来握，十个月左右会用拇指和食指的指腹侧来握，到了十二个月左右便能够运用指尖了。手的运动从整个手进化到指尖，同时婴儿的注意力也开始变得细腻，会注意到细小的东西，经常会捡起掉到地面的线头和饭粒。

随着手指运动的进步，婴儿开始出现人类特有的行动——用手指方向。最初是伸出食指戳，做出类似摆弄的动作，到了十一个月左右即会伸出食指明确地指着目标，似乎在对一旁的妈妈说：“这里有我知道的东西哟”，甚至还能用手指指向墙壁上挂的书和正在天上飞的飞机等较远的东西。用手指时一般会看着旁边的人，意思是要向某人传达某种讯息，也可以说是一种交流。

授乳期宝宝须知

母乳是妈妈送给宝宝最好的礼物，不仅提供幼儿所需的各种营养，还能增强幼儿的免疫力。若妈妈无法哺喂母乳，配方奶粉可提供另一种选择。

喝奶方式的变化

经过四十周左右在母体内安稳成长的日子，满身皱纹的婴儿已拥有惊人的生命力。出生后6到12个小时后，就能在母亲的怀抱里，一心一意吸着乳房开始喝奶。出生后的数个月内，婴儿是靠喝奶成长的，将母亲的乳头或奶瓶的奶嘴含在口中努力地吸吮乳汁。吸吮功能在出生后马上就会发挥作用，是婴儿在母体中发育所学会的基本求生功能之一。

出生后的两个月，婴儿就是靠哺乳反射来喝奶的，一含上乳头就会开始吸，直到累了入睡为止。过了两个月以后，喝奶方式开始逐渐转变，会用舌头玩弄含在口中的乳头，或咬乳头，与之前的反射动作有很大的差异，而且吸到累得入睡的情况也会变少，吃饱之后，还会放开乳头玩耍。这时，不仅是乳头，他还会将手指放入口中吸吮。有的小孩是将大拇指放入口中，有的是吸吮其他的手指，方式不一，但都是放入口中津津有味地吸吮，或者一起玩弄放入口中的手指和舌头。

婴儿在三到四个月时开始能够紧紧地握住东西，于是会随手抓扯枕头套和床单等，或者将玩具放入口中玩。此时婴儿进入“口腔期”，吸奶的力量也变强了，能够一面喝奶一面控制自己的意志，逐渐步向断奶之路。

建议喂哺母乳

喂哺母乳的母亲、吸吮着母乳的婴儿，这幅充满爱的景象，可以说是人世间最美的。母亲经由肌肤感受婴儿一心一意吸吮母乳的力量时，就自然而然涌现不可遏止的母爱。无庸置疑，通过授乳，母子之间因皮肤接触而萌生的情感，对于婴儿和成人都会带来良好的影响。

虽然在我们的生活周遭充斥着大量的婴儿食品，但只有一种是以婴儿最容易接受的形式将营养适量地提供给婴儿，这就是母乳。母乳中维持婴儿发育与健康的必要成分全部都是以最适当的浓度存在，而且完整地具备了帮助婴儿抵御疾病的免疫物质。而最近也有医学报告指出，通过授乳、哺乳，对于母子之间的情感交流其实占有相当的重要性。

母乳的各种价值得到以上各种证明后，希望用母乳喂养自己孩子的母亲有不断增加的趋势，就连将孩子寄放在托儿所的职业妇女也不例外。她们都是将母乳挤出再进行冷冻保存，就是所谓的“冷冻母乳”。在卫生条件良好的状况下挤出、进行冷冻保存的母乳，能保持其营养价值和免疫性，只要确保新鲜、卫生，就能喂哺给婴儿。而“冷冻母乳”也开始在职业妇女之间广泛流行起来。

母乳应进行自律授乳

婴儿想吃母乳时给予足够的量，就是自律授乳。这是尊重婴儿食欲个体差异的授乳方法，也可以说是最自然的方法。喂哺初期母乳不充足，而且婴儿对喝奶也不熟练，因此授乳时间很难固定。随着时间的推进，不久就自然形成每隔3小时喂哺的规律授乳。

但如果过分拘泥于时间，虽然孩子在睡，时间一到仍然叫醒孩子喂奶，这就有点过分了。两个月大的婴儿昼夜的节奏大都已经确立，白天的睡眠时间会减少许多。若能在晚上就寝前喂饱母乳，就不需要半夜起来授乳了。因此妈妈在哺喂母乳的时候，应该顺其自然，不要勉强规定宝宝喝奶的时间，这样不但很难养成宝宝规律地进食，还很有可能造成反效果，让宝宝无法充分获得应有的营养。

母乳不足的识别法

在判别母乳不足时可依以下几点来判断：

1. 授乳时间变得很长：母乳分泌充分时，婴儿在吸吮5到15分钟就会得到满足而放开乳头；但也有过了20分钟，甚至30分钟也不想放开的情形。
2. 授乳间隔过短：授乳后一会儿又想吃，喂菜汤或果汁都不行。
3. 宝宝体重增加的速度缓慢：隔了一周左右测量体重，比一般情况增加得较慢。
4. 宝宝睡眠浅、不舒服的情况多：听到一丁点声音就会马上惊醒，经常哭。
5. 大便的次数和数量减少：便秘或腹泻，而且便量减少。

母乳的缺点

具有许多优点的母乳，也并非毫无问题。在一些出现出血性疾病的新生婴儿中，喝母乳的幼儿多于喝奶粉的幼儿，原因是母乳中的维生素K含量不足。因此，孕妇在怀孕期间必须多摄取含丰富维生素K的食物，像是绿叶蔬菜、白菜、胡萝卜、海藻、豆类等，或者给婴儿服用维生素K。母亲服用的药，根据种类和剂量的不同也有所差异，但大多数都会转移到乳汁中，这对婴儿多多少少都会产生影响，最好接受医生的指示再决定是否持续喂母乳。另外，酒精和烟也会转移到乳汁中。若酒精只限于料理中使用的程度，并不会造成什么影响，但是烟是一定要避免的。环境污染也是现代人相当关注的问题，但至今尚未观察到对喝母乳的幼儿有什么明显的不良影响。

与母乳相近的婴儿奶粉

如果不得不放弃母乳喂养时，现在普遍使用的是“婴儿奶粉”，其主要原料是牛奶，但大多强调是最接近母乳的配方。

与母乳相比较，婴儿奶粉中蛋白质的含量较少，不过却调整了酪蛋白和清蛋白的比例，并用植物油替代一部分的脂肪。整体而言，矿物质减少了，但又增加了不足的铁、铜、锌，而且还调整了钙和磷的比例，以及钠与钙的比例，补充了维生素等。各品牌产品各有优缺点，但厂商为致力于使婴儿奶粉更接近母乳，都在不断地改良。原则上，喂食婴儿奶粉要按照各月龄调制到一定浓度，在大致固定的授乳时间喂食婴儿需要的量。

断奶期宝宝须知

出生五个月后，牛奶已无法提供宝宝完整的营养。断奶对于婴儿来说是极其自然的一个成长过程，婴儿将通过各种考验，逐步向饮食的自律迈进。

断奶之所以必要的原因

母乳从营养、消化、免疫性等各方面来看，都是对婴儿最理想的食物，婴儿奶粉的成分也都是尽量以接近母乳为目标，但在出生五个月后，只喝牛奶已无法提供婴儿完整的营养。

另一方面，婴儿的身体也已经在为断奶做准备，开始接受牛奶以外的食物。四五个月左右，如果喂婴儿一点点食物，就会成为一种刺激，进而强化消化酶的作用，进一步提升消化能力。一旦让食物的种类、量和烹饪方式发生变化，消化系统就会开始学习适应，婴儿也会逐渐开始喜欢吃可以咀嚼的食物；体会与母乳不同的味道、气味、口感、形状、色彩及饮食方法，从而刺激婴儿的味觉、触觉、视觉等，促进他的发育。

正因如此，在恰当的时期开始断奶，并根据婴儿的接受状态，在饮食中巧妙地加入各式各样的食物，善于运用各种烹饪方式，是促成婴儿断奶的重要手段。

何时开始断奶？

婴儿用整个嘴巴包住母亲的乳头或奶瓶的奶嘴，边玩耍边吃喝时；就可以为他准备副食品，开始慢慢地替他断奶。

所谓断奶是指从全部由乳汁提供的营养逐渐转换为由固体食物供给的营养。因为，吸吮乳汁和吃固体食物的方式有极大的不同，若不闭紧嘴巴就不能有效地吃下固体食物，因此必须有效地利用颈前方（喉咙侧）的肌肉。因此，为断奶做准备的第一步，就是在一定程度上支撑住沉重的头部（即颈部挺直）。

另一个准备是哺乳反射（吃奶时的反射）消失。这在乳汁就是全部营养的时期是相当适合的，但如果是吃固体食物就反而不方便了。例如，如果仍然张开嘴吸奶，还不时做伸出一点舌头的动作（称为吸吮反射），就没有办法闭着嘴吃固体食物。因此，必须在这种反射动作变少时才能给婴儿吃离乳食品。

这种称为哺乳反射的动作，在出生后四到五个月时会开始渐渐消失，第七个月左右几乎完全消失。因此，让婴儿吃离乳食品最早也只能从第五个月开始。如果提早，由于婴儿还未做好功能发育上的准备，即使将食物放入口中也只会以反射动作来处理，而用舌头顶出去，无法顺利放入口中，要吞下喉咙也相当困难。喂食的人也会因为婴儿不吃而不悦，形成恶性循环。

虽然父母们总希望尽快开始为自己的小宝宝断奶，但对婴儿来说也许是一种困扰。如果喂食婴儿离乳食品的效果不佳，相对影响婴儿的食欲及对食物的兴趣，就需要多加考量喂食的时间及可行性。

断乳食品的条件

1.卫生

离乳食品从水分多、味道淡、营养价值高、加工程序多等方面来判断，同时必须具备容易烹调的条件。但无论营养价值有多高，如何有利于消化，若不卫生就不具备离乳食品的条件。

2.易消化

由于婴儿的消化能力还未成熟，因此选择食品和烹饪方法时必须考虑到消化的难易，而且喂食的分量以不会造成婴儿消化系统的负担为基准。

3.满足婴儿的营养需求量

断奶初期，断奶食品只占一天必需营养量的10%，而完成期达到了70%；特别是从六个月开始，一定要注意每餐的营养与均衡。

4.保持清淡的好味道

婴儿的味觉敏感，能够品尝出味道的好坏，除了要保持食物的原汁原味外，还应用糖、盐、酱油或醋等烹饪出美味的食品。

5.适应发育阶段的食物形态

食物的形态最初是糊状，然后逐渐转变为用舌头能够辗碎的硬度和用牙床能辗碎的硬度。由此可见，保育者应根据婴儿消化能力的变化来改变食物的烹调方法。

6.尽量减轻家人的负担

断奶是从五个月到周岁的漫长时期，要想办法不让离乳食品成为家庭时间和经济上的负担。

怎样让宝宝喝水?

看到小孩能自己用手握着杯子喝水，绝对会让父母心情愉快。接下来看看小宝贝连续喝水功能的发育过程。对还未开始断奶的婴儿，多半是用汤匙等来喂食果汁，婴儿会伸出舌头吸吮从汤匙中流出的果汁，嘴巴的形状和动作如同吸奶一样。从功能上来说属于吸吮乳头喝水的方式，这种方法会持续到断奶初期。

能够把嘴紧闭喝汤匙中的食物时，婴儿对水的处理方式慢慢有了变化。早餐时用碗盛汤给他喝，孩子就会把脸伸到碗上面玩，或者盯着汤碗里和自己相同的脸，还会一边将碗边放在上下唇之间，一边用上唇喝汤。不久之后会以同样的方法开始吹气，或者吸一下再屏住呼吸，一边将上唇浸入汤中，一边吞咽进入口中的水分。如此一来，上唇的动作变得灵活，汤匙或叉子上的食物即使堆得并不整齐，也能够完整地吃下，就不会再将脸向盘子或杯子上伸，而是等待喂食者放斜杯子，即使脸部不向前倾也能喝到充足的水分了。但由于不知道倾斜到口中的量和喝多少才能不让自己呛到，因此常常从水杯的两端漏出水来。就这样，一边流出，有时还会噎着，一边反复练习。

据说调节进入口中水量的是上唇，因此不能让宝宝在上唇不接触水的状态下咕噜咕噜地喝水。从杯中喝水的功能是随着上唇而发育的，但是与固体食物不同，水会到处流，难以控制，大概要到接近周岁时，婴儿才能一边靠着大人的从旁协助一边连续喝水。要自己拿着杯子喝水，则必须练习双手的协调性。一般来说，婴儿是在一岁过后才开始向独立进食的方向前进。

断奶初期这样吃

断奶的开始阶段是“喂婴儿糊状食物，大约婴儿满五个月时较为恰当”。因此，果汁和菜汤等液体不能称为离乳食品，而是指柔软的稀粥、蔬菜粥、豆腐等。

断乳食要由稀软到浓稠

宝宝的咀嚼和消化功能尚未发育完善，消化能力较弱，不能充分消化和吸收食物中的营养，所以要根据宝宝的月龄特点和消化程度选择食物，保证供给的食物做到细、软、熟。

初期给予的断乳食质地必须是软与稀的，主要是可以让宝宝直接吞咽下去，先以水糊状的食物为主，建议从十倍粥的米糊、稀释后的果汁或蔬菜汁开始给宝宝尝试，等宝宝的吞咽能力提升之后，再调整食物的稠度。不可一开始就让宝宝吃大人吃的米粥或食物，否则很容易造成宝宝吞咽的困难，或是消化不良。食材的质地从流质、半流质、半固体到固体的方式，要让宝宝在逐渐习惯饮食的过程中，对食物产生喜爱与习惯。如果不能依照宝宝进食的方式给予宝宝符合其月龄的食物，像是给刚学会吞咽的宝宝吃白米饭，或是给喜欢用牙齿咀嚼的宝宝吃白米糊，这样就会造成宝宝不爱吃断乳食，每次吃断乳食都爱吃不吃的，觉得吃断乳食是一件很累又麻烦的事，还不如喝奶就好，进而严重影响宝宝咀嚼能力的进度。

请记得以下四大原则：食物要从“单一到多样”、“稀释到浓稠”、“量少到量多”、“质细到质粗”，如此一来，才能让宝宝循序渐进地适应吃断乳食这件事。

选择固定的吃饭场所

开始给宝宝吃断乳食大约四周内，就可以慢慢养成其在固定位置、地方、环境吃饭的习惯，也可以在用餐区摆放宝宝熟悉的物品，例如洋娃娃或小汽车，或是放一首温柔轻松的音乐，主要是让宝宝感到安全、舒适的环境，便可提升宝宝接受新食物或是吃的欲望。

宝宝吃饭的速度不一，有些宝宝吃得很快、有些宝宝则是吃得很慢，过长或过短的吃饭速度都是不好的饮食习惯。特别是尽量不让宝宝有机会边吃边玩或是边吃边看电视，爸爸妈妈则在一旁玩手机，当专注在“吃饭”这件事情的时候，宝宝会慢慢建立对吃的兴趣与模式。

让宝宝保持愉快心情

初期给宝宝吃断乳食，不在于吃的分量多寡，而是让宝宝能习惯有别于“奶”之外的食物，并练习用汤匙吃、吞咽咀嚼，以及建立用餐习惯。每个宝宝的成长速度与方式大不相同，食量也会不一样，爸爸妈妈要避免一味地与别人比较宝宝的身高、体重，或担心宝宝吃得比别人少，让宝宝按照自己的生长曲线成长，健康才是最重要的。当喂食断乳食这件事情变成半强迫的时候，反而会制造宝宝对于吃的反感，以后宝宝一看到餐桌、想到吃东西，可能就会有厌恶的念头与负面反应。

宝宝的饮食要多样化

没有一种单一食物可以提供人体所需的全部营养素，所以必须多样化摄取食物的营养。从宝宝接触断乳食开始，就要带着他们认识所有食物，在喂食宝宝的过程当中，可以观察到宝宝喜欢或讨厌哪些食物。通过这些观察，在烹调方式与食材选择当中，可以变化出不一样的断乳食，利用各种烹调方法，让宝宝养成良好不偏食的饮食习惯。

宝宝对单调的食物容易产生厌倦感，为了增进宝宝的食欲，避免宝宝偏食，在烹调时应该使食物种类丰富多样，色、香、味俱全，主食粗细交替，荤色荤素搭配。而针对宝宝不喜欢的食物，可在烹调上下功夫，用各种料理方法，让宝宝养成良好的饮食习惯。

每天食谱上应包括五种营养素组合的食物，缺一不可！不同的食物有不同的营养成分，摄取过多或过少都不行，偏食与挑食会造成偏差的营养素摄取，特别是现代饮食西化，很多宝宝就跟着父母亲成为了“外食一族”。好的饮食习惯不仅能维持健康，还可以抵抗各种病菌的侵袭。

容易引发宝宝过敏的食材

宝宝在吃副食品的过程中，随时记录下宝宝吃副食品后的反应，如有拉肚子、便秘、呕吐或皮肤出疹等过敏现象，则要立刻停止此种食材的喂食，隔一段时间后再试。一次只给宝宝尝试一种新鲜的食物，连续3～5天都没有过敏反应，则可以在往后制作副食品的时候，加入此项食材。

容易诱发过敏的食材有柑橘类水果、芒果、小麦制品、蛋白、坚果类、花生、巧克力、可可和带壳海鲜，但每个宝宝的过敏原不同，要隔绝过敏原，得靠爸爸妈妈细心的观察和耐心的记录。

此外，一岁之前尽量不要给宝宝喝成人的鲜奶，若要在副食品中添加鲜奶，必须将鲜奶煮过，以高温杀菌；二岁之前不要给宝宝喝脱脂或是低脂牛奶，以免缺乏必须脂肪酸的摄取，造成不必要的肾脏负担。

而六个月以内的宝宝吃蜂蜜，容易被感染而出现中毒症状，比如便秘、疲倦、食欲减退等。宝宝在一岁以内，消化系统都在不断的成熟中，为了防止类似的中毒症状，医生建议在孩子满一岁以前，不要给他吃蜂蜜及其制品。另外，蜂蜜中还含有一定雌性激素，如果长时间食用，可能导致宝宝提早发育。所以即使是一岁以上的宝宝，也不能随心所欲地吃蜂蜜，偶尔作为调味加一点还是可以的。

让宝宝远离加工食品

最好不要让孩子吃太多甜食、饮料跟加工食品，因为这类食品当中所含的人工添加物，可能会造成宝宝肾脏的负担，并导致其易怒、学习缓慢、注意力不集中等症状。部分添加物还会引发呼吸跟气喘等过敏反应，甚至可能影响脑部发展，造成过动症。因此，不管是小宝宝或大一点的小朋友，都应该少吃为佳。

特别像是饼干类，有时候为了延长保存期限，里头的钠含量其实是很高的。在准备副食品的时候，可以亲手制作米饼、小饼干等点心，其中的钠含量比起外面卖的饼干要少，是在宝宝可以摄取的范围之内。

适合：4 ～ 6 个月宝宝

茄子糊

材料

茄子 1/4 条
白米糊 60 克

做法

1 茄子洗净、去皮，剁成碎末备用。
2 将剁碎的茄子放入白米糊里，用小火熬煮片刻。
3 将熬好的茄子米糊放在筛网上过滤，碾碎粗粒后再煮滚一次即可。

适合：4 ～ 6 个月宝宝

青菜泥

材料

青菜 30 克
（请选择时令蔬菜）

做法

1 青菜洗净，去梗，取嫩叶备用。
2 将菜叶用滚水快速焯烫后捞起，沥掉多余的水分。
3 将烫好的青菜放在研磨钵中，用研磨棒捣碎成青菜泥即可。

适合：4 ~ 6 个月宝宝

草莓稀粥

材料

泡好的白米 10 克
草莓 2 颗

做法

1 白米磨碎，再加适量水熬成米粥。
2 草莓用水洗净后去蒂，磨成泥，再用纱布过滤。
3 在米粥里放进草莓泥，煮滚即可。

适合：4 ~ 6 个月宝宝

包菜稀粥

材料

泡好的白米 10 克
包菜 20 克

做法

1 把白米磨碎，再加适量水熬成米粥。
2 包菜洗净后，用刀剁碎，越碎越好。
3 在米粥里放进包菜碎末，煮滚即可。

适合：4 ~ 6 个月宝宝

梨子稀粥

材料

泡好的白米 10 克
梨子 15 克

做法

1 把白米磨碎，再加水熬成米粥。
2 梨子洗净，去皮和果核，磨成泥。
3 在熬好的米粥里放进梨子泥，煮滚即可。

适合：4 ~ 6 个月宝宝

柿子稀粥

材料

泡好的白米 10 克
柿子 15 克

做法

1 把白米磨碎，再加水熬成米粥。
2 柿子洗净，去皮和籽后，磨成泥。
3 在米粥里放进柿子泥，煮滚即可。

适合：4 ~ 6 个月宝宝

板栗上海青稀粥

材料

泡好的白米 10 克
板栗 1 颗
上海青 10 克

做法

1 把白米磨碎，再加水熬成米粥。
2 板栗去壳和内膜后磨碎；上海青洗净，磨碎。
3 米粥中放进板栗和上海青，煮滚即可。

适合：4 ~ 6 个月宝宝

萝卜梨稀粥

材料

泡好的白米 10 克
萝卜 10 克
梨子 15 克

做法

1 把白米磨碎，再加水熬成米粥。
2 梨子洗净，去皮和果核后，磨成泥；萝卜洗净，去皮，磨成泥。
3 在米粥里放进梨子和萝卜，煮滚即可。

适合：4 ~ 6个月宝宝

菠菜牛奶稀粥

材料

泡好的白米 10 克
菠菜 5 克
牛奶（配方奶）70 毫升

做法

1 把白米磨碎，加入牛奶熬成米粥。
2 菠菜挑选嫩叶，洗净后擦干水分，磨成泥。
3 在米粥里放入菠菜泥，煮滚即可。

适合：4 ~ 6个月宝宝

土豆玉米稀粥

材料

泡好的白米 10 克
土豆 10 克
玉米汤 70 毫升

做法

1 把泡好的白米倒进玉米汤中，再熬成米粥。
2 土豆洗净、蒸熟，去皮后再磨成泥。
3 在米粥里放进土豆泥，煮滚即可。

适合：4 ~ 6 个月宝宝

花菜苹果稀粥

材料

泡好的白米 10 克
花菜 10 克
苹果 15 克

做法

1 把白米磨碎，再加水熬成米粥。
2 花菜洗净，取花蕾部分，焯烫后磨碎；苹果洗净，去皮和果核后，磨成泥。
3 在米粥中倒进碎花菜煮滚，最后放入苹果泥煮一下即可。

适合：4 ~ 6 个月宝宝

橘子上海青稀粥

材料

泡好的白米 10 克
橘子汁 15 毫升
上海青 10 克

做法

1 把白米磨碎，再加水熬成米粥。
2 上海青洗净，焯烫后磨成泥。
3 在米粥里放进橘子汁和上海青泥，煮滚即可。

适合：4 ~ 6 个月宝宝

香蕉牛奶糊

材料

香蕉 20 克
配方奶粉适量

做法

1 香蕉去皮，用汤匙背面压成泥状。
2 将配方奶粉与 70 毫升温开水调匀后，倒入香蕉泥，搅拌均匀即可。

适合：4 ~ 6 个月宝宝

米粉糊

材料

白米 10 克
温牛奶（配方奶）70 毫升

做法

1 将白米洗净，研磨成粉状。
2 将温牛奶和米粉搅拌均匀即完成。

适合：4 ~ 6 个月宝宝

燕麦南瓜泥

材料

南瓜 20 克
燕麦片 10 克

做法

1 将燕麦片放入滚水中，煮熟备用。
2 南瓜洗净，去皮及瓤，入锅蒸熟。
3 将蒸熟的南瓜压成泥，倒入煮熟的燕麦片，拌匀即可。

适合：4 ~ 6 个月宝宝

小米粥

材料

小米 15 克

做法

1 将小米淘洗干净，浸泡 1 小时。
2 将小米和 80 毫升水放入锅内，用大火煮滚，转小火续煮 25 分钟，将小米粥熬至黏稠即可。

适合：4 ~ 6个月宝宝

蔬菜红薯泥

材料

绿色蔬菜 30 克
红薯 10 克

做法

1 青菜洗净，切小片，放入搅拌机中，搅打成泥。
2 红薯洗净、去皮，放入锅里，蒸熟后趁热捣碎。
3 将红薯、菜泥、适量水放入锅中，煮滚即可。

适合：4 ~ 6个月宝宝

红椒苹果泥

材料

红椒 10 克
苹果 20 克

做法

1 红椒洗净，去籽，切小块，加入少量水，放入搅拌机内搅打成泥。
2 苹果洗净、去皮，磨成泥。
3 煮熟红椒泥，加入苹果泥搅拌即可。

适合：4 ~ 6 个月宝宝

豆浆

材料

黄豆适量

做法

1 将黄豆洗净，加水，黄豆和水的比例为 1 ：8，浸泡一晚。

2 将泡好的黄豆和黄豆水一起磨成浆，用纱布过滤出清浆。

3 将清浆煮滚 2 次后，放凉即可。

适合：4 ~ 6 个月宝宝

香蕉豆腐米糊

材料

白米糊 60 克
香蕉 10 克
豆腐 10 克

做法

1 香蕉去皮后磨成泥；豆腐烫熟后捣碎。

2 锅中放入白米糊、适量水、香蕉和豆腐，用小火慢慢煮滚即可。

断奶中期这样吃

这时的离乳食品还是只能选用舌头碾碎的硬度，不过偶尔可以吃稍微需要咀嚼的食物，宝宝渐渐长出乳牙，可以让宝宝进行咀嚼的练习。

中期断乳食要点

宝宝七个月之后，咀嚼的方式发生变化，食物的质地也要跟着慢慢变粗，开始进入断乳中期，这时期吃断乳食的要点如下：

1. 增加断乳食的浓稠度：宝宝七个月之后，是利用舌头、牙龈和上颚咀嚼着吃，因此断乳食要慢慢增加浓稠度、颗粒变粗，让宝宝可以练习咀嚼比起泥状食物更有口感的食物。
2. 可以尝试多样化的食材：这时期宝宝的消化功能提升，可以给宝宝尝试各种不同的食材，才能摄取更均衡的营养，也能养成不挑食的好习惯。
3. 一天2～3餐断乳食：宝宝逐渐习惯吃断乳食了，一天改为固定喂食2餐，九个月之后增加为3餐。

增加断乳食喂食次数的时机

当宝宝逐渐习惯接触断乳食的时候，且能吃下稀饭、蔬菜泥或肉泥等食物，就可以慢慢把喂食的次数增加，从原本的一天固定1餐，改为一天固定2餐的断乳食。喂断乳食时，要记得先喂断乳食再喂奶，且选在宝宝较容易感到饥饿的时间点喂食，如果先喂奶再喂断乳食，宝宝喝奶喝饱了，就不会想吃断乳食，也失去通过断乳食断乳的意义。

宝宝在一天喂食2餐断乳食的时候，如果每餐吃的断乳食分量越来越多，且还不到下一餐的时间就喊饿，则可以将一天喂食2餐的断乳食改为3餐。

糖类是主要的热量来源

糖类主要的功能是供给身体所需要的能量，1克的糖类可以产生16.8千焦的热量。当身体中的糖类不够时，身体便会以蛋白质作为能量的来源，而使得蛋白质无法进行促进身体生长发育、修补组织的功能，所以糖类可以节省蛋白质的消耗，让蛋白质可以进行最主要的功能。而且在脂肪氧化的过程当中，也必须要有糖类的参与，脂肪才能完全氧化。

糖类中的葡萄糖是神经细胞能量的唯一来源，尤其是脑细胞特别不能缺少葡萄糖，不然会影响脑细胞的正常功能，是脑细胞活动时主要的能量来源。当宝宝从食物中摄取糖类后，即会在体内分解为葡萄糖，成为身体活动及脑部频繁学习活动的动力来源，因此，补充含糖类的食物可以提高脑部的活力。

含有糖类的食物种类很多，比如土豆、面包、水果、白米、糙米、胚芽米、小麦、荞麦、燕麦、大麦、面条、馒头、麦片、红薯、玉米、山药等，可以让宝宝多样化地摄取。

蛋白质、脂肪的摄取

蛋白质是构成宝宝脑细胞的主要物质之一，在六岁以前，若是缺乏蛋白质，会影响宝宝的记忆力、思考能力和神经传达能力，所以要让宝宝补充足够的优质蛋白。

蛋白质的来源分为动物性与植物性。包含在肉类中的蛋白质就是动物性蛋白质，但很多肉类过度煎炸后会使蛋白质变成劣质的蛋白质，要特别注意。肉类中含有最佳蛋白质的是鱼肉，其次是白肉，再者是红肉。至于植物性蛋白质，则首推豆类的含量最高。

每一种蛋白质食物中氨基酸的比例都不同，其中比例最完整的是鸡蛋、鸭蛋和肉类，所以动物性蛋白质又被称为“完整蛋白质”；植物性的蛋白质会有比例不完整的情形，因此被称为“不完整蛋白质”。只要均衡摄取各种食材，氨基酸比例就会形成互补，使蛋白质的吸收更完整。

脂肪占大脑成分的60%，宝宝除了从母乳及配方奶中摄取脂肪，为了均衡摄取亚油酸和亚麻酸等人体必需脂肪酸，要通过副食品来补充，像是黄豆、红豆、四季豆等。

维生素、矿物质的摄取

维生素和矿物质并不能提供任何热量，但是却是成长发育和良好健康不能或缺的营养素。

维生素分为水溶性和脂溶性。水溶性维生素无法储存于体内，所以必须从食物中摄取，包括B族维生素和维生素C；脂溶性维生素可以储存于体内，虽是必须的营养，但是摄取过多反而会有毒性，包括了维生素A、D、E、K。

富含维生素的食物有动物肝脏、燕麦、谷类、瘦肉、鱼、牛奶、乳酪、酵母制品、糙米、胚芽米、绿色蔬菜、香菇、豆类、坚果等。

矿物质和维生素一样，有助于维持宝宝最佳的身体成长、发育和健康状态。其中铁对于宝宝的发育尤其重要，宝宝出生六个月后，肝脏储存的铁会慢慢消失，必须从副食品补充，而含有丰富维生素C的食物有助于铁的吸收，可以让宝宝搭配食用。富含铁质的食物有红肉、肝脏、鱼类、贝类、鸡蛋、菠菜等。

此外，钙质、锌、碘也都是宝宝成长所需的矿物质，可以从乳制品、豆腐、深色蔬菜、海鲜等食物中摄取。

蔬菜和水果中富含维生素以及矿物质。

适合：7 ~ 9 个月宝宝

西红柿牛肉粥

扫一扫！

材料

白米粥 60 克
牛肉 20 克
西红柿 50 克
土豆 50 克
高汤适量

做法

1 牛肉洗净，剁成末；土豆蒸熟后，去皮磨成泥；西红柿用开水焯烫后，去皮、去籽，再剁碎。

2 将白米粥和高汤放入锅中，加入牛肉、西红柿、土豆熬煮，煮滚即可。

适合：7 ~ 9 个月宝宝

芝士豌豆粥

扫一扫！

材料

芝士 1/4 片
豆腐 10 克
豌豆 15 克
白米粥 60 克

做法

1 将豆腐放入滚水中烫熟，捣碎后备用。

2 豌豆煮熟，去皮，磨成豌豆泥。

3 白米粥中放入豌豆泥和豆腐泥，用小火煮滚后加入芝士，待芝士融化即可。

适合：7 ~ 9 个月宝宝

优酪乳米粥

材料

泡好的白米 15 克
优酪乳 50 毫升

做法

1 锅中放入白米和适量的水，熬煮成粥。

2 待粥放凉至宝宝好入口的温度时，加入优酪乳拌匀即可。

适合：7 ~ 9 个月宝宝

芝麻核桃粥

材料

泡好的白米 15 克
菠菜 10 克
芝麻 10 克
核桃碎 15 克
芝士 1/2 片
牛奶（配方奶）90 毫升

做法

1 白米和芝麻磨碎；菠菜焯烫后剁碎。

2 锅中放入白米、芝麻和牛奶熬煮成米粥后，放入菠菜和核桃碎，略煮片刻，最后加入芝士，待芝士融化即可。

适合：7 ~ 9 个月宝宝

鸡肉胡萝卜粥

材料

泡好的白米 15 克
胡萝卜 10 克
鸡肉 20 克
土豆 20 克
洋葱 5 克
高汤 90 毫升

做法

1 白米磨碎；鸡肉洗净，烫熟后剁碎。

2 胡萝卜、土豆、洋葱去皮后，切碎。

3 锅中放入白米和高汤煮成米粥，加入胡萝卜、土豆、洋葱、鸡肉煮熟即可。

适合：7 ~ 9 个月宝宝

白菜牛肉粥

材料

泡好的白米 10 克
泡好的糙米 5 克
牛肉末 20 克
白菜 10 克
梨子汁 2 毫升
海带高汤 90 毫升

做法

1 将白米和糙米磨碎；白菜洗净，剁碎。

2 热锅中放入牛肉末，炒至五分熟，再加入白米、糙米、海带高汤，熬成米粥，接着加入白菜和梨子汁，煮熟即可。

适合：7 ~ 9 个月宝宝

白菜焖面条

材料

面条 30 克
白菜 10 克
海带高汤 100 毫升

做法

1 白菜洗净，切小丁。
2 将面条切小段，放进海带高汤里煮软，转小火，加入白菜丁一起焖煮 5 分钟，至食材熟软即可。

适合：7 ~ 9 个月宝宝

西红柿土豆泥

材料

西红柿 30 克
土豆 30 克
猪肉末 20 克

做法

1 西红柿洗净、去皮，切碎；土豆洗净，蒸熟后去皮，压成泥。
2 将西红柿、土豆泥与猪肉末一起搅匀，放入电锅中蒸熟即可。

适合：7 ~ 9 个月宝宝

鱼肉海苔粥

材料

泡好的白米 15 克
鲜鱼 20 克
白菜 5 克
海苔少许
海带高汤 90 毫升

做法

1 白米磨碎；鲜鱼煮熟，去鱼刺，切成小块；白菜洗净后剁碎；海苔切碎。
2 锅中放入白米和海带高汤熬煮成米粥，再加入鲜鱼、白菜和海苔，煮熟即可。

适合：7 ~ 9 个月宝宝

蟹肉糯米粥

材料

泡好的白米 15 克
泡好的糯米 5 克
洋葱 5 克
蟹肉 20 克
胡萝卜 10 克
海苔少许

做法

1 白米和糯米磨碎；蟹肉汆烫后剁碎；胡萝卜和洋葱洗净、去皮，剁碎。
2 白米、糯米加 90 毫升水熬成米粥，再放入其他所有食材，煮熟即可。

适合：7 ~ 9 个月宝宝

虾仁椰菜粥

材料

泡好的白米 15 克
虾仁 3 只
西蓝花 10 克
胡萝卜 10 克
海带高汤 90 毫升

做法

1 白米磨碎；虾仁洗净，剁碎；西蓝花洗净，焯烫后剁碎；胡萝卜洗净、去皮，剁碎。

2 锅中放入白米和海带高汤熬煮成米粥，加入西蓝花、胡萝卜和虾仁，煮熟即可。

适合：7 ~ 9 个月宝宝

香菇鸡肉粥

材料

泡好的白米 15 克
鸡胸肉 20 克
鲜香菇 2 朵
海带高汤 90 毫升

做法

1 白米磨碎；鲜香菇洗净，剁碎；鸡胸肉洗净，剁成泥状。

2 锅中放入白米和海带高汤熬煮成米粥，加入香菇末、鸡肉泥，煮熟即可。

适合：7 ~ 9个月宝宝

芹菜米粉汤

材料

芹菜10克
米粉15克

做法

1 芹菜洗净，切碎；米粉泡软备用。
2 锅中加适量水煮滚，放入碎芹菜和米粉，焖煮3分钟左右即可。

适合：7 ~ 9个月宝宝

秀珍菇牛肉汤粥

材料

泡好的白米20克
秀珍菇20克
上海青15克
高汤120毫升

做法

1 白米磨碎；秀珍菇洗净，焯烫后剁碎；上海青洗净，磨碎。
2 锅中放入白米和高汤熬煮成米粥后，再加入秀珍菇和上海青煮熟即可。

适合：7 ～ 9 个月宝宝

苹果红薯泥

材料

红薯 50 克
苹果 50 克

做法

1 红薯洗净，去皮；苹果洗净，去皮、去核后，磨成泥。

2 将红薯放入蒸锅内蒸熟，取出放入碗中用汤匙压成泥，再加入苹果泥拌匀即可。

适合：7 ～ 9 个月宝宝

胡萝卜豆腐泥

材料

白米糊 60 克
胡萝卜 20 克
嫩豆腐 50 克
鸡蛋 1 个

做法

1 胡萝卜洗净、去皮，切小丁。

2 在锅内倒入白米糊、适量水和胡萝卜丁炖煮，直到胡萝卜变软，再将嫩豆腐加进去捣碎。

3 煮滚后，将蛋打散倒入，煮熟即可。

适合：7 ~ 9 个月宝宝

水果蔬菜布丁

材料

蛋黄 1 个
草莓 20 克
土豆 20 克
香蕉 10 克
配方奶粉 5 克

做法

1 草莓洗净，剁碎后过滤；香蕉去皮，磨成泥；土豆洗净、去皮，蒸熟后磨碎。
2 将所有材料混合均匀，倒入碗中，再放进蒸锅中，蒸 20 分钟即可。

适合：7 ~ 9 个月宝宝

鳕鱼菠菜粥

材料

泡好的白米 15 克
鳕鱼 15 克
洋葱 5 克
菠菜 10 克
芝士 1 片
高汤 90 毫升

做法

1 白米磨碎；鳕鱼蒸熟，去刺后剁碎。
2 洋葱去皮、菠菜洗净，焯烫后剁碎。
3 锅中放进白米和高汤，熬煮成米粥，再加入鳕鱼、洋葱、菠菜煮熟，最后放入芝士，待其融化即可。

适合：7 ~ 9 个月宝宝

豌豆鲜鱼芝士粥

材料

泡好的白米 15 克
鲜鱼 20 克
豌豆 10 颗
芝士 1/2 片
海带高汤 90 毫升

做法

1 白米磨碎；鲜鱼蒸熟后去刺，剁碎。
2 豌豆洗净，煮熟后去皮、磨碎。
3 锅中放入白米和海带高汤熬成米粥，再放入鱼肉、豌豆和芝士略煮即可。

适合：7 ~ 9 个月宝宝

金枪鱼南瓜粥

材料

泡好的白米 15 克
金枪鱼 20 克
南瓜 10 克
秀珍菇 10 克

做法

1 白米磨碎；金枪鱼蒸熟后去刺，剁碎；南瓜、秀珍菇洗净，处理好后剁碎。
2 白米加适量水熬成米粥后，倒进其他所有食材煮熟后即可。

适合：7 ~ 9 个月宝宝

土豆泥

材料

土豆 50 克
高汤 15 毫升

做法

1 将土豆洗净，去皮，切小块后放入锅中蒸熟，取出压碎成泥。

2 土豆泥中加入高汤搅拌均匀即可。

适合：7 ~ 9 个月宝宝

鲜鱼萝卜泥

材料

鲜鱼 50 克
白萝卜 10 克
玉米粉水少许

做法

1 鲜鱼蒸熟后，去鱼刺、鱼皮，压成泥。

2 白萝卜洗净、去皮，磨成泥。

3 锅中加适量水煮滚后，放入鱼肉和白萝卜稍煮片刻，最后以玉米粉水勾芡即可。

适合：7 ~ 9 个月宝宝

南瓜籽粥

材料

泡好的白米 20 克
南瓜 20 克
南瓜籽 5 克
西蓝花 5 克
海带高汤 120 毫升

做法

1 白米磨碎；南瓜洗净，去皮和籽，蒸熟磨成泥；南瓜籽洗净，剁碎；西蓝花洗净，焯烫后取花蕾部分，剁碎。

2 锅中放入白米和高汤熬成米粥，再加入其他所有材料煮滚即可。

适合：7 ~ 9 个月宝宝

木瓜泥

材料

木瓜 50 克

做法

1 将木瓜洗净，去籽、去皮后切成丁。

2 放入碗内，然后用小汤匙压成泥状即可。

断奶后期这样吃

由于宝宝已大致习惯了咀嚼，可将食物的硬度替换成牙床能碾碎的程度。宝宝吃了离乳食品后会渐渐开始不喝牛奶了，以一岁为断奶的期限，并试着转用成长奶粉。

断奶后期离乳食进度

宝宝10个月之后，吃东西的咀嚼方式改变，开始会使用牙龈和牙齿来咀嚼，因此给宝宝的副食品不再是半固体的状态，可以渐渐转为固体的食物，颗粒也能改为小丁状，让宝宝咀嚼起来更有口感。

这个时期对宝宝来说，已经接近断奶的结束期，因此对牛奶的需求量更少了，开始以副食品为主要的营养来源。因此，可以开始让宝宝练习自己吃饭，慢慢培养宝宝用餐的好习惯，爸爸妈妈更应该和宝宝一起吃饭，可以让宝宝吃得更开心喔!

以下为断奶后期宝宝吃离乳食要注意的地方：

1. 咀嚼能力再提升：宝宝10个月之后，大部分宝宝已长出牙齿，开始会利用牙龈和牙齿来咀嚼食物，因此喜欢吃比较有口感的离乳食，可以将离乳食切成小丁状，也能让宝宝吃一些可以拿在手中啃食的水果片、米饼等。
2. 过敏反应变少：这个时期的宝宝，肠胃功能更加成熟了，对食物的过敏反应也相对降低，10个月之前宝宝吃了会过敏的食材，此时可以再让宝宝尝试看看。
3. 1日3餐副食品：宝宝可以跟大人一样1日吃3餐，并戒掉睡前牛奶了。

让宝宝练习自己吃饭

有些爸爸妈妈无法接受宝宝自己吃饭时，吃得身上、地板全都是食物，但一直由爸爸妈妈来喂食，会发现宝宝越来越依赖，不再主动自己吃饭，勤劳父母的举动，可能会影响到宝宝身心发展与独立自主地成长。

爸爸妈妈可以铺一块塑胶布在宝宝的餐椅下，一开始先给宝宝一些婴儿饼干、水果片、小块红薯甚至全麦面包练习自己吃，这是一种很好的练习，让他们享有独立完成吃饭这件事情的成就感，更能增进精细动作、咀嚼吞咽能力以及感觉统合能力。

慢慢调整宝宝用餐的时间

宝宝在10个月之后，通常已经长出了2颗以上的牙齿，因此喜欢使用牙齿跟牙龈来咀嚼食物。这时候已经接近断乳后期，可以慢慢调整宝宝用餐的时间，尽量与大人吃饭的时间一致，让宝宝可以一起吃饭，不但可以增进亲子间的感情，也能让宝宝吃得更开心。

宝宝改为1日3餐之后，正餐之间可以给宝宝喝牛奶或吃一些点心。如果宝宝不喝睡前奶，半夜也不会饿醒时，就可以戒掉睡前奶，以减少睡前吃东西对肠胃的负担，更可以降低蛀牙的发生率。

开始会用手抓取食物

爸爸妈妈要尊重宝宝想要自己动手的意愿，即使宝宝还没有办法控制自己的双手，经常吃得满桌满地，还是要让宝宝有自己吃的机会，千万不要为了不让宝宝弄脏餐桌和衣服而拖延宝宝学会自主的时间，试着做些可以让宝宝直接用手拿的东西吃，慢慢训练宝宝自己吃饭的能力。

宝宝对于用手抓食物的动作已非常熟练，且能进一步自己动手抓取圣女果等比较小的食物或煮熟的蔬菜，并渐渐脱离过去用手握汤匙或叉子却只是想把玩的习惯，会开始认真将餐具拿来使用，就可以开始让宝宝试着使用汤匙或叉子进食。但宝宝偶尔还是会出现用手抓食物的情形，毕竟一下子要宝宝习惯使用餐具较为困难，但是爸爸妈妈在教宝宝独立吃饭时千万别灰心，要有耐心，一次又一次教宝宝学会使用餐具。如果让宝宝放弃“主动学习”的机会，孩子永远都不可能有长大的一天，把吃的乐趣与主权还给宝宝，放宽心育儿最重要。

多多鼓励宝宝

永远不要让吃饭发展成战争，这会让宝宝对吃饭这件事情产生反感和阴影，不要因为宝宝丢餐具而骂他，或是因为宝宝用满是食物的手去摸头发而生气。另外，爸爸妈妈还要学会喊停，如果宝宝真的心情不好、想睡觉、不愿意吃饭，那就算了，不要勉强宝宝吃饭。

此外，当全家人吃饭都是配电视或玩手机，也会造成宝宝不专心吃饭的问题，甚至宝宝运动量不够，上一餐还没完全消化，紧接着就跟着下一餐，就算是大人也会吃不下。建议记录下宝宝每天饮食的总分量，只要有达到均衡营养以及分量即可，不用担心少吃了一餐会营养不良，没有孩子会饿到自己的肚子。在餐与餐之间，不要给太甜的饼干、饮料或零食，重点放在正餐上，并尝试不同食材，给予宝宝良好正面的回应与鼓励，就能培养出良好的习惯。

宝宝喝水才是最健康的

有些宝宝不爱喝水，爸爸妈妈就会在宝宝的水中加入葡萄糖，认为可以增加营养，又有宝宝喜欢的甜味，事实上真正能从中摄取到的营养，远低于他们每日喝的母奶或配方奶，甚至会养成宝宝偏食的习惯，也容易发胖，也可能会造成宝宝腹泻的情况发生。

要让宝宝喝果汁补充水分的话，请记得使用新鲜水果去制作果汁，无需另外加糖，喝天然的最好，以免影响宝宝对于母乳或配方奶的摄取。

此外，有些爸爸妈妈会在宝宝发烧时，买运动饮料帮宝宝补充水分，但其实运动饮料的糖分多过于电解质的含量。标准电解质水仅在药店出售，虽然价格甚高，但经过专业设计才能真正帮助电解质在体内吸收。至于乳酸饮料，里头大多成分还是以糖为主，糖吃多了对大人或宝宝的身体都会有所影响，所以尽量还是让宝宝喝水最好！

10 ~ 12 个月宝宝

山药粥

扫一扫!

材料

白米粥 75 克
山药 30 克
虾仁 1 只
海带高汤 60 毫升
葱花少许

做法

1 山药去皮、洗净，切成小块。
2 虾仁洗净、去肠泥，切小丁。
3 锅中放入白米粥和海带高汤煮滚后，再加入山药、虾仁和葱花，煮熟即可。

10 ~ 12 个月宝宝

鲜虾牛蒡稀饭

扫一扫!

材料

白米粥 75 克
牛蒡 20 克
虾仁 5 只

做法

1 牛蒡用清水洗净，去皮、切丝，焯烫后切末。
2 将虾仁洗净、去肠泥，汆烫后捣碎。
3 锅中放入白米粥加热后，再加入牛蒡、虾仁拌匀，煮熟即可。

适合：10 ~ 12 个月宝宝

鲷鱼蔬菜饭

材料

白米饭 40 克
鲷鱼 20 克
白菜心 15 克
胡萝卜 10 克
洋葱 5 克
食用油少许

做法

1 鲷鱼洗净，蒸熟后去除刺和皮，切小丁；白菜心洗净，切细丝；胡萝卜和洋葱分别洗净、去皮，切小丁。

2 锅中放少许油烧热，放入所有食材炒至熟软即可。

适合：10 ~ 12 个月宝宝

芝士酱豆腐

材料

豆腐 70 克
芝士 1 片
柠檬汁 15 毫升
橘子汁 30 毫升
磨碎的核桃 15 克

做法

1 豆腐洗净，切成小片，放入沸水中煮熟。

2 芝士切丁，加入柠檬汁、橘子汁、碎核桃调匀，即为酱汁。

3 将煮熟的豆腐淋上酱汁即可。

10 ~ 12 个月宝宝

豆腐蛋黄泥

材料

豆腐 100 克
鸡蛋 1 个
葱末适量

做法

1 豆腐洗净，放入滚水中焯烫后，压成泥；鸡蛋煮熟后取出蛋黄，磨成泥。
2 将豆腐泥和蛋黄泥混合均匀，加入适量葱末搅拌均匀即可。

10 ~ 12 个月宝宝

西蓝花土豆泥

材料

西蓝花 30 克
土豆 50 克
猪肉末 10 克
食用油适量

做法

1 西蓝花洗净，煮熟后切碎；土豆洗净，蒸熟后去皮，压成泥。
2 锅中加少许油烧热后，放入猪肉末炒熟，再加入土豆泥、碎西蓝花搅拌均匀即可。

适合：10 ～ 12 个月宝宝

三角面皮汤

材料

馄饨皮 4 张
菠菜 50 克
海带高汤 100 毫升

做法

1 馄饨皮对切成小三角状；菠菜洗净，切细丝。

2 锅中放入海带高汤煮滚后，加入馄饨皮煮软，再放入菠菜，煮熟即可。

适合：10 ～ 12 个月宝宝

玉米排骨粥

材料

白米粥 150 克
玉米粒 10 克
排骨 20 克

做法

1 玉米粒洗净，剁碎；排骨洗净，剁成小块。

2 锅中加适量水，以大火煮滚后，放入玉米粒、排骨，转小火熬烂，最后加入白米粥熬煮片刻即可。

10 ~ 12 个月宝宝

鸡肉包菜

材料

鸡胸肉 50 克
包菜 30 克
胡萝卜 10 克
豌豆 5 颗
水淀粉 15 毫升
高汤 90 毫升
食用油适量

做法

1 所有食材洗净，分别处理后切碎。

2 锅中放少许油烧热，放进包菜和胡萝卜炒软，再倒入高汤熬煮，然后放入鸡肉和豌豆煮至熟软，最后以水淀粉勾芡即可。

10 ~ 12 个月宝宝

紫菜丁香鱼粥

材料

白米粥 150 克
紫菜 10 克
芋头 10 克
丁香鱼 20 克
绿色蔬菜 20 克

做法

1 紫菜撕成小片；绿色蔬菜洗净，切碎；丁香鱼洗净，切碎；芋头洗净，去皮、蒸熟后，压泥。

2 锅中放入白米粥加热后，加入其他所有食材煮至熟软即可。

适合：10 ~ 12 个月宝宝

丁香鱼白菜稀饭

材料

白米饭 40 克
丁香鱼 10 克
大白菜 15 克
洋葱 5 克
海带高汤 90 毫升食用油适量

做法

1 大白菜洗净，切成 5 毫米大小；洋葱洗净，去皮后切丝。

2 锅中放少许油烧热后，放入洋葱、大白菜炒软，再加入白米饭、丁香鱼及海带高汤，煮熟即可。

适合：10 ~ 12 个月宝宝

土豆稀饭

材料

白米饭 40 克
土豆 20 克
胡萝卜 10 克
菠菜 10 克
食用油适量

做法

1 土豆和胡萝卜洗净、去皮后，切成 5 毫米大小；菠菜洗净，烫熟后切丁。

2 锅中放少许油烧热后，加入土豆和胡萝卜炒软，再加适量的清水、白米饭和菠菜，煮熟即完成。

10 ~ 12 个月宝宝

鲜虾汤饭

材料

白米饭 40 克
虾仁 5 只
秀珍菇 10 克
菠菜 10 克
小鱼干高汤 90 毫升

做法

1 虾仁去肠泥，洗净后剁碎；秀珍菇和菠菜分别洗净，烫熟后切成 5 毫米大小。

2 锅中加入小鱼干高汤煮滚后，放入其他所有食材煮至熟软即可。

10 ~ 12 个月宝宝

小白菜玉米粥

材料

白米饭 40 克
小白菜 20 克
玉米粒 20 克
海带高汤 90 毫升

做法

1 小白菜、玉米粒洗净，放入滚水中焯烫后，捞出切碎。

2 锅中放入白米饭和高汤煮滚后，加入小白菜、玉米粒煮至熟软即可。

适合：10 ~ 12 个月宝宝

什锦蔬菜粥

材料

白米饭 40 克
胡萝卜 10 克
红薯 10 克
南瓜 10 克
花生粉 15 克

做法

1 红薯和南瓜分别洗净，去皮和籽，蒸熟后磨碎；胡萝卜洗净、去皮，烫熟后切碎。

2 锅中放入白米饭和 180 毫升水煮滚后，加入其他所有食材煮至熟软即可。

适合：10 ~ 12 个月宝宝

香菇稀饭

材料

白米饭 40 克
鲜香菇 10 克
金针菇 10 克
胡萝卜 10 克
绿豆芽 10 克
高汤 90 毫升

做法

1 香菇、金针菇洗净后，去根部，切成 5 毫米大小；绿豆芽洗净，去头尾后切小段；胡萝卜洗净、去皮，切小丁。

2 锅中放入白米饭和高汤煮滚后，再加入其他所有食材煮至熟软即完成。

10 ~ 12 个月宝宝

牛肉白菜汤饭

材料

白米饭 40 克
牛肉 10 克
虾仁 10 克
小白菜 10 克
盐少许
高汤 50 毫升

做法

1 牛肉洗净，剁成碎末；虾仁去肠泥，洗净后剁碎；小白菜洗净，切碎。
2 锅中放入白米饭和高汤煮滚后，加入其他所有食材煮至熟软，最后加盐调味即可。

10 ~ 12 个月宝宝

鸡肉蘑菇粥

材料

白米饭 40 克
鸡肉 30 克
蘑菇 10 克
上海青 10 克
高汤 90 毫升

做法

1 鸡肉、蘑菇、上海青分别洗净，煮熟后切成 5 毫米大小。
2 锅中放入白米饭和高汤煮滚后，再加入其他所有食材煮至熟软即可。

适合：10 ~ 12 个月宝宝

中式汤饭

材料

白米饭 40 克
鸡肉 15 克
豆腐 15 克
虾仁 10 克
西蓝花 10 克
洋葱 5 克
水淀粉 5 毫升
鸡肉高汤 90 毫升

做法

1 将所有食材洗净，分别处理后切碎。

2 锅中放入白米饭和高汤煮滚，加入所有切碎的食材煮至熟软，起锅前以水淀粉勾芡即可。

适合：10 ~ 12 个月宝宝

海苔拌稀饭

材料

白米饭 40 克
海苔 1 张
胡萝卜 10 克
丁香鱼 5 克
熟蛋黄半个
高汤 90 毫升

做法

1 海苔烘烤后，切成碎片；胡萝卜洗净、去皮，焯烫后剁碎；丁香鱼洗净后切碎；熟蛋黄磨碎。

2 锅中放入白米饭和高汤煮滚后，再加入其他所有食材煮至熟软即完成。

10 ~ 12 个月宝宝

蟹肉菠菜粥

材料

白米饭 40 克
蟹肉 10 克
菠菜 10 克
洋葱 10 克
盐少许
海带高汤 90 毫升
食用油适量

做法

1 所有食材洗净，分别处理后切碎。
2 锅中放少许油烧热，加入洋葱炒出香味，再放入蟹肉、菠菜、白米饭和海带高汤，煮熟后加盐调味即可。

10 ~ 12 个月宝宝

海鲜豆腐汤

材料

虾仁 3 只
鸡胸肉 10 克
鲜香菇 2 朵
豆腐 20 克
香菜末适量
海带高汤 90 毫升

做法

1 所有食材洗净，分别处理后切碎。
2 锅中放入海带高汤煮滚，加入虾仁、鸡胸肉和香菇，转小火熬煮，再加入豆腐稍煮片刻，最后撒上香菜末即可。

适合：10 ～ 12 个月宝宝

豌豆鸡肉稀饭

材料

白米饭 40 克
鸡胸肉 15 克
豌豆 5 颗
菠菜 10 克
胡萝卜 10 克
高汤 90 毫升
食用油适量

做法

1 鸡胸肉洗净，煮熟后切成 5 毫米大小；胡萝卜洗净、去皮，剁碎；菠菜和豌豆分别洗净，焯烫后剁碎。

2 锅中放少许油烧热，放入切好的食材炒匀，再加入白米饭和高汤煮滚即可。

适合：10 ～ 12 个月宝宝

牡蛎萝卜粥

材料

白米饭 50 克
牡蛎 20 克
小白菜 10 克
白萝卜 10 克
海带高汤 90 毫升

做法

1 牡蛎在盐水中洗净，汆烫后剁碎；小白菜洗净，切成 5 毫米大小；白萝卜洗净、去皮，切成小丁状。

2 锅中放入白米饭和高汤煮滚后，再加入其他所有的食材煮至熟软即可。

Part 2
零岁宝宝的教养

婴儿从诞生的那一刻开始，就开始了身为家庭中一份子的生活。生活，意味着为保持生命、不断成长的活动——呼吸、食物的摄取及消化、排泄、睡眠等接受养护，同时在浓浓的亲情中安定下来，适应周围的生活环境。对于每一个未来无限美好的婴儿，应该为他们安排什么样的生活，不仅家人，就连生活周遭的大人们都必须认真地考虑清楚，特别是母亲！对于婴儿来说，母亲是他唯一的身心托付，做妈妈的一定要相信婴儿的生命力，抱着与婴儿一起创造快乐生活的心情来照顾宝宝。

零岁宝宝的智力发展

零岁儿运用感觉和运动，一边与人事物接触，一边扩展内心世界，大人应为孩子提供各种体验的机会。

感觉体验与行动体验

首先来看一看零岁儿的智力发展所具有的特征。婴儿从出生开始就会运用自己的感觉和运动，积极地与周围的人及事物接触。刚出生不久时，只能用眼睛看、用耳朵听、用嘴吸吮。随着运动功能的发育，逐渐能够用手摸、拿着摇晃、拉扯等，行动开始变得多姿多彩。经由感觉体验和行动体验，婴儿逐渐理解周围世界的人和事物是怎么一回事。

例如，从拨浪鼓体验到“这是一摇就响的东西”，对于母亲会产生“经常陪伴在自己身边的人”，认识奶瓶则是“喝牛奶的东西”。婴儿的理解不是通过语言，而是运用感觉来得到的。这就是知识的运用，而且婴儿会将这种知识使用在新的场合，以便达到完全的掌握。

零岁儿对知识的获取和运用，等于是通过感觉和运动完成的。对于零岁儿这种能力的特征，瑞士心理学家皮亚杰称为感觉运动性智能。这一个阶段，从学会使用语言和意识的一岁半持续到两岁。在零岁时，为了扩展内心世界，也为了以后语言和意识的发育，通过运用感觉和运动具体了解事物是相当重要的。不要因为害怕婴儿发生危险，就夺去他对这个世界体验的机会，多多让婴儿尝试各种不同的感觉和行动体验，可以帮助他更快地熟悉和适应一切事物。

让宝宝愉快地玩耍

零岁儿运用眼、耳和手来获得各种体验，有益于扩展智力。被母亲抱到户外感受阳光、用肌肤感受风、看被风吹得摇晃的树叶、听汽车的声音、见到附近的阿姨等，这些体验都会成为婴儿知识的来源。婴儿与人和事物愉快地游戏，有助于其智力的发育。

让婴儿长时间地体会到乐趣是很重要的。握一握、拍一拍、摇一摇、敲一敲，主动地与玩具接触，并从中有所体会，比单纯地看电动玩具移动或由别人操纵玩具更能对事物拥有深刻的体验，而且也更快乐，能持续较长的时间。

宝宝运用眼、耳和手来获得各种体验。

“快乐”这种心情舒畅的感觉，对于婴儿来说是对自己行为的回应，也是引发想试一试的心情的原动力。婴儿会一边寻求这种快乐，与人及事物接触，一边持续这种游戏。要长久地持续快乐的游戏，陪伴婴儿游戏者的态度很重要。玩着玩具的婴儿咯咯地笑出声来，一起玩的妈妈也会高兴地笑。母亲或养育者与婴儿一起感动，能够使婴儿玩得更为尽兴。

大人的负面情绪容易感染给宝宝，因此在面对宝宝的时候，一定要保持愉快的心情。陪宝宝玩耍时，也要小心别露出不耐烦的表情或情绪，让宝宝在开心快乐中成长，有助于其心灵的发育。

从反射性模仿到有意识地模仿

模仿父母、照顾者或周遭人的行为，不仅对零岁儿，对各个年龄的小孩都是非常重要的。模仿的行为在出生不满一个月的新生儿中也能看到，被人抱起托着头，与对方的脸相对时，婴儿就会紧盯着对方的脸，模仿嘴和舌头的动作，一会儿张开嘴、一会儿又合拢，或者伸出舌头等，而且还能看到婴儿模仿大人惊讶、高兴、悲伤等表情。由此看来，婴儿天生就具有模仿的能力，能够模仿他人的动作和表情。

这种从婴儿期开始的模仿并非有意识的，而是与对方回应的一种同步调行为与共鸣，也可说是反射性模仿，其特征是婴儿能够模仿的动作仅限于已经掌握并已完全习惯的动作。因此，父母若想让婴儿进行模仿，有效的方法是先示范婴儿自身已习惯的动作。

但是，婴儿快到八个月时，会开始有意识地进行模仿，从反射性模仿变化到有意识地模仿，甚至已经能够模仿自己不熟悉的动作了。

婴儿可爱地模仿做再见、动脑筋时抓抓头等动作，都是在这个时期出现的，这时也会相当活跃地模仿敲鼓、吹喇叭等动作，甚至在语言方面也表现出想模仿父母或保姆发出声音的表情。模仿有助于婴儿与对方一起行动，或者掌握新的知识，另一方面，父母和保姆也会对婴儿模仿自己的动作感到高兴，借此建立起彼此之间的感情与默契。

对记忆的理解

婴儿出生后会在好奇心的驱使下，开始接触并吸收新事物的活动。这种活动是婴儿多次与相同的东西接触后，将其停留在记忆中，形成熟悉世界的活动。

1.对声音和气味的记忆

近年来，据有关胎儿和新生儿的研究报告，婴儿在母体中就开始倾听母亲的声音，因此出生后不久，就能识别自己妈妈与其他妈妈的声音，对自己妈妈的声音表现得更喜欢，反应也更活跃。通过被母亲抱在怀中喝奶的过程，很快就能记住母亲的气味。若将母亲用来垫乳房的衬垫，和其他母亲的衬垫同时放在婴儿面前，婴儿会扑向自己母亲的衬垫，这种现象在婴儿出生后一个月内就会出现。

2.对人脸的记忆

婴儿刚出生时，能看清20到30厘米以内的东西。这个距离与母亲抱着婴儿时，婴儿的眼睛到母亲脸的距离差不多。能够清楚地看到母亲的脸后，就容易记住经常陪伴在自己身边的人的五官长相。对脸开始形成概念且能够记住跟自己最亲密的人的脸庞，一般是在出生后第四个月左右。这从以下对婴儿微笑的研究中就能清楚地看出。

婴儿看到人的脸会笑，是在出生后一个半月左右。这个时期，婴儿会向一边对自己说话、一边点头的脸微笑。到了三个月左右，婴儿面对眼前没说话、一动不动的脸也会笑了。这时的婴儿已经能理解脸部的大致构造了。从三个月左右开始，婴儿会频繁地出现微笑。到了四个月时，尽管会对常见面的人微笑，但面对偶尔见面或初次见面的人，则不太会笑，这是因为他已经能够识别熟悉和不熟悉的脸了。

3.对物质永存观念的理解

与记忆有关的，还有对事物虽在眼前消失，但仍然存在脑海的现象，也就是物质永存的观念。这种能力是宝宝出生满六个月时开始出现的。有时，即使婴儿正在玩的东西掉了下来，从他的视线中消失，也能看到婴儿向下搜寻的行为。这种行为就是婴儿对事物的持久性有所理解的表现。

同样在这个时期，即使将婴儿正在玩的东西藏起来，如果婴儿能看到该东西的一部分就能将它拿出来。甚至到八个月左右，将婴儿正在玩的东西当着他的面放到箱子里，或者用布遮住，婴儿也知道东西就在里面，会吵着让大人拿出来，或者自己揭开布取。婴儿到了八个月后，对事物的持久性已有了大致的理解。

那么，对事物持久性的理解是怎样形成的呢?因为婴儿以某种方式与事物或人进行接触时，对方的反应总是差不多，于是反复接触就形成了这种理解。例如，母亲走到墙壁背后时，婴儿一哭，母亲总是从那里出现。在自己眼前将玩具放入箱子，再打开盖子，总是会发现玩具就在里面。即使将玩具藏到纸下面，一掀开纸，就可以看到玩具，玩具并不会因此而消失。通过这样的了解，就能够理解事物的持久性。

对关系的理解

理解一件事物与另一件事物的关系和联系，也是智力的一个重要发展。牛奶与奶瓶的关系、自己的行动及其后果的关系、某种目的与为达目的所采取的手段之间的关系等，都是婴儿有必要理解的。

婴儿在四个月以前，对于自己的行为让玩具发生了什么样的变化（声音等）并没有多大的认识，只是将这种变化和反应看作有趣的事情而多次重复。例如，婴儿握住吊环往下拉，音乐铃就会发出声音。但四个月大的婴儿还不明白这种关系，只是对声音感兴趣而不断重复拉绳的动作。然而经过不断重复，最终就会理解只要拉绳就会发出声音的互动关系。

婴儿真正理解为了发出声音而拉绳，是在八个月大左右。此时，婴儿会决定目标后再采取行动，并为了达到目标而选择方法。这种行为，说明了婴儿已经能够在一定程度上对以后的结果进行预测。从这个时期开始，婴儿对于已经多次体验的事情，能够做出预测，并期待事情的发展。他会故意扔下饭桌上的汤匙，让母亲一次又一次地拾起。

同样这个时期，别的小孩一旦爬近，就知道对方会抢自己的玩具，而将玩具藏起来，或抱着玩具逃开。这也是对即将发生的事情进行预测的表现。正如一拉绳就会有声音、一哭母亲就会来、一扔下东西母亲就会捡起来一样，自己这样做、对方就会那样做、进而产生这样的结果，让婴儿领略一定的行动会伴随某种结果的体验是相当重要的。婴儿借由感觉自己的行动所产生的效力，并获得一贯结果的同时，逐步理解自己的行为与结果之间的关系。

感情的萌芽

刚出生的婴儿在肚子饿或尿布湿时的不快，是通过哭泣来表现的。哭泣这种行为，是由感觉感受到的结果产生的反应，也可以说是感情的萌芽。母亲将这种哭声看成婴儿的“要求”，于是喂奶、帮婴儿换尿布，婴儿吃饱后心情舒适，不快消失，进而获得了安心。在反复经历这种体验的过程中，婴儿逐渐懂得用哭来表现自己的欲望和要求。“因为不舒服，要你想想办法”，婴儿之所以哭泣正是为了向照顾者哭诉。新生儿在睡眠中有时会微笑，这是一种反射，让人察觉到婴儿没有任何不安、内心充满安全感。

喂奶或换尿布后，婴儿再次充满这种安全感，露出微笑，母亲才得以确信自己的行为是正确的，进而体会到育儿的喜悦。新生儿为了生理上、感觉上的反应有哭泣或微笑的行为。照顾者会将这种反应视为婴儿对自己发出的信号，将哭声看作不快、将微笑视为喜悦的表现。通过这种自然的表达方式，新生儿就将自己的哭、笑看作有意义的行为，有意识地区分开来，要妈妈时就哭、感到满足时就用笑容来表现。这种感情是从愉快、不悦等感觉上的反应表现并传达自己心情的手段逐渐分化的。

情绪与智力的发育

以上讲述了对零岁儿智力发育的重要因素，如体验、游戏、快乐、对自己的行为产生效果的效力感、一起感动的养育者、具有一贯性的环境等。最后再谈谈与零岁儿的智力发育有着紧密关系的情绪。

婴儿所呈现的状态有深睡、浅睡、假寐、醒来时情绪好的状态、醒来时情绪不安和哭泣的状态。最好的状态，是在婴儿醒来情绪好的时候。这与我们在困倦、紧张不安或不高兴时看书，根本不知道书上写了些什么是一样的。但是婴儿情绪好的时间在出生后不久并不长，他们经常是不快活地醒来，刚喝了牛奶，马上又睡着。

婴儿情绪好的状态开始能够持续一阵子，是从出生满三个月时开始的。这与其一天的睡眠、张开眼睛已形成规律有关。婴儿受到昼夜的自然规律和家人昼夜生活规律的影响，八周左右就会逐渐变为在夜里睡眠、白天醒来。三个月左右，这种规律就会固定下来，因而醒来时情绪好的时间也会逐渐地变长。

但婴儿的情绪还是很容易发生变化的，因此必须在家人的昼夜生活节奏保持安定状态的前提下，让婴儿保持良好的情绪。看到孩子不高兴时，可试着为他换尿布、喂奶或抱起来哄哄。在情绪好的时候，尽量带着他领略更多生活的体验。

↑让宝宝保持良好的情绪，有助其智力的发展。

零岁宝宝的语言发展

婴儿似乎是为了学习语言，带着必要的“兴趣”降临的，从一出生就非常喜欢语言。因此，经常对婴儿说话，有助幼儿语言的发育。

婴儿与语言

一般所指的婴儿说话，是指婴儿会说“mama”、“bu-”、“wuma”等。这时的“mama”代表母亲，各种发音对于各个婴儿来说必须具有一定程度的稳定性。在婴儿掌握与某种稳定的意思相关的声音后，就可以认为婴儿会说话了，这种最初的语言称为“初语”。我们无法准确地定出婴儿会说初语的时期，但一般是从一岁到一岁半。

那么，零岁儿的语言，不就成了小孩说话从不会到会的过程了吗？会说初语后，小孩才会说话，很多人都觉得应该是这样，但在这里我想说明的是，零岁儿也拥有语言，至少能与母亲及周围的人说话。产生这种看法的理由之一是，婴儿在对大人说初语时，即使大人感觉婴儿是第一次说话，但婴儿的语言（初语）与大人说的话存在相当大的差异。世界各地的小孩几乎都是在相同的时期开始会说初语的，但真正的初语绝不是“妈妈”或者“Mother”。也就是说，婴儿与大人所发的不是相同的“音”，大人只是将“妈妈”看作一个单词，虽然有时也单独使用“妈妈”这个词，但一般情况下会使用于一句话中，如“妈妈买东西去了”、“给妈妈送礼物”等。但小孩单说“妈妈”，就表示“妈妈到哪里去了”，或者“妈妈，我要抱抱”。

将包括初语的幼儿语言称为“语文”就是这个原因。如前所述，初语的特征是某种发音对于某个婴儿来说具有某种程度的意思，而且不一定与大人相同，而是婴儿与大人说相同语言之前的准备阶段。

将这个问题深入研究，则会碰到什么是“语言”这个相当复杂的难题。即使是大人的语言也不一定是音和意一一对应。对同一个人可以称呼“母亲”也可以叫“妈妈”，有时还和小孩的语言一样；一声“妈妈”就可以包含“妈妈请原谅我”这一句话的意思。也许正是在这种语意的“游动”中，才会体认出人类语言的美妙。或许应该再放松一点初语前期与后期的界限，正确地面对零岁儿的语言发育。

掌握语言的理论

小孩怎样才能学会与大人一样说话呢？这个复杂的问题已有很多研究学者提出了各式各样的理论，但没有一种可以说是绝对正确的。有人认为婴儿一生下来就能听见大人的讲话，或大人对自己说的话，因此，在反复听大人讲话的过程中，逐渐注意到某种场面或事物与语言的相关性，经由模仿的过程就逐渐会说话了。这似乎是理所当然的事情，但有些事实却难以用这种理论来说明。小孩说的话经常是没有严格地遵循语法，常常会出现很多省略且缺乏条理的情况。

如此又衍生了另外一种理论：即使大人的话多少有些不合语怯，但孩子天生就具备从大人的话中抽出正确的部分，使自己学会说话的能力。不过这种理论也存在问题，例如，婴儿无论听了多少话，但如果只让他看电视，没人与婴儿对答及教导，如此，要婴儿正确学习语法，效果并不明显。在认可婴儿天生具有获得语言能力的理论中，有一种认为幼儿对语言有自己独特的假设能力，另一种则认为拥有积极与母亲进行广义上交流的能力，也就是强调与身边的人进行交流。

另一个理由是，语言的中心功能是人与人之间的沟通。人与人对话，是在交流语言。从广义上来看“语言”，与零岁儿也是在交流着语言。然而在婴儿会说话（初语〉之前，没有几个母亲会认为是“在和婴儿对话”或“在回答婴儿的话”。获得语言的理论，即：针对幼儿怎样才能学会与大人一样说话？答案有很多，但最近有一种比较有力的说法：婴儿从一出生（或者从胎儿阶段开始），就试图与以母亲为代表的养育者进行广义上的语言交流。与其想着“这孩子什么时候才能学会说话呢”，不如预先认可孩子从出生的那一刻起（甚至还可能在出生之前），就想与母亲说话。以这种态度来接触婴儿，才能与婴儿掌握语言的过程相宜。

婴儿非常喜欢说话

为了能让孩子提早入睡，就要不断地和他说话吗？对大人而言，睡觉时或许希望有一个安静的环境，但对宝宝来说，他们反而希望能听到母亲有节奏的说话声，使他们能安心地入睡。

在世界上的各种语言中，哄宝宝的声音不胜枚举。而且，这种哄宝宝的语言还被改编成各种有节奏的催眠曲，世界上各地方的宝宝都喜欢听到这样的音乐，说明了宝宝在有声音的地方更易有睡意。

再向读者介绍一个实验，它说明了婴儿天生就特别喜欢听到人类的语言。对刚刚出生十二个小时的美国婴儿，分别把用录音带录制好四种不同的声音放给他们听。这四种声音分别是：英语演讲、中文演讲、没有意思的母音发音、有规律的敲击声，然后再观察新生儿的身体运动方式。我们发现，当婴儿听到英语和中文演讲时，会很有节奏地运动身体，而当他们听到同样有节奏的敲击声及没有意思的母音发音时，身体的运动就没有了节奏感。由此可见，婴儿从一出生就特别喜欢听到人的声音，好像婴儿天生就具有这种学习语言的“兴趣”。所以我们在与婴儿的视线接触或到婴儿的身边时，应当尽可能说些他们喜欢听到的话语。

常常跟宝宝说话，有助于宝宝语言的发展。

婴儿的语言

婴儿在出生满一个月后，如果精神状态较好的话，便能发出各种富于变化的声音。这种声音与哭声不一样，有一定的调子和节奏。到了五六个月，这些声音会连续起来，进而具有一定的特色，这就是婴儿的语言，即所谓的“儿语”。儿语一般会持续六到八个月之久。当然每个婴儿之间也有一定的差异，不过，儿语也只有在婴儿精神状态（心理状态）较好时才会出现，这是每个婴儿的共同点。

开始时婴儿只能发出诸如“a——a——，a——u——”之类的原音。但到了后来，他就能发出诸如“ba——ba——，ba——pu——”这种含有辅音的声音。婴儿发出的声音增多时，甚至能发出母语（即婴儿的养育者所说的话）中没有的声音。也许他并不知道自己的母亲究竟说的是什么语言，为了能与母亲说话而不断地尝试各种发音。这也就是为什么经常对着婴儿说话，即使不确定他听不听得懂，婴儿也会为了回应而开始发出声音，这样对发展说话的能力很有帮助。

但是，在儿语阶段即将结束到达初语阶段，婴儿就只能发出母亲说话时能发出的声音了，连语调也非常接近母亲的语调。婴儿在各种不同的声音中，会一步一步接近母亲的声音。可见，婴儿并不是因为听到母亲的声音才模仿的，所以应尽量多给婴儿听到他们喜欢的各种声音，而且要在婴儿精神状态较好、情绪稳定的时候让他们听，因为儿语只出现在婴儿精神状态较好的时候。

跟婴儿说话

刚才提到了婴儿非常喜欢听人的声音，在精神状态较好时还会发出各种声音，这两种情况都表明婴儿非常希望把语言变成自己的东西，进而掌握语言，只是这样仍然不能让婴儿学会说话。

比如，有报告显示，如果只让婴儿看电视而不直接与婴儿说话、不逗他，其语言发育也会比较缓慢。电视中有很多人会出现在画面中说话，婴儿听到语言的机会非常多，在这样的情况下当然能够发出各种声音，理论上来说，学习应该会事半功倍才对，但是为什么婴儿在这样的情况下语言发育反而很迟缓呢？原因在于缺乏与人交流的机会。零岁幼儿既然不会大人的语言，甚至连初语都不怎么会说，究竟要怎样与他们交谈呢？

既然是语言的交流，当然不可能只由一个人来进行，必须由两个以上的人来进行，或是一个人说另一个人听，或是一个人说另一个随声附和，这样的对话才能达到交流的目的，这也是交流的一大特征。而刚出生的婴儿就已具有如此的行为特征。

虽然婴儿的基本行为特征是不停地“激发——停止——”，但如果我们不对这种规律加以利用也是没有意义的。当母亲按照婴儿的节奏与婴儿进行交流时，他的语言交流能力才可能得到提升。既然婴儿天生就具有这样的行为特征，那么母亲最好适应他的这种行为特征，尽可能利用这种规律自然地与婴儿进行交流；在交流的过程中，婴儿就能够体会交流的节奏感和交流所带来的乐趣。

零岁宝宝的表达能力

婴儿能够不断地学习与大人一样的表现方法，这也是婴儿表达能力正在发展的表征。在培养婴儿的表达能力时，要注意不能损害婴儿特有的家庭感受性。

婴儿的微笑

新生儿期（出生后两周或一个月内）的婴儿有时也会发出微笑，但这种微笑只是浅睡眠过程中出现的生物反应。其实，这种微笑对婴儿来说没有任何意义，它只是嘴巴周围的肌肉放松时的一种表现而已。即使如此，对于母亲和周围的人而言，却是一种快乐和满足，所以他们都会报之以微笑。虽然只是单方面感受，却是一种亲子交流，也是培育孩子的重要条件。

婴儿的微笑虽然只是一种生理反应，无关乎心情，却可以感染大人的情绪，让爸爸妈妈看了觉得快乐又满足。

接受表达的信号

母亲的脸上总是洋溢着满足的喜悦之情。然而，此时婴儿很少以微笑回应，无法和妈妈一起分享喜悦，说明了婴儿不能按照自己的意愿有意识地表达自己的心情。如果我们把有意识的行为称为“表达”，那么婴儿所处的阶段还不能称之为“表达”的阶段。但是，婴儿也会不断地向周围的大人发出各种信号，这种信号可以称为生理性信号或“表达”性信号。

根据婴儿的身心状态而出现的自然现象，看起来就像婴儿的意愿，因此我们可依此线索来推测、掌握婴儿的身心状况。婴儿在香甜地睡觉时，一般都认为他处于安静、舒适的状态，而当婴儿在哭闹、哭泣的时候，会认为他处于不舒服的状态，但对于他感到不舒服的具体原因，却无法做出正确的判断。

如果婴儿在这种情况下能给我们更具体的信号当然最好，但这是完全不可能实现的愿望。婴儿表现出来的生理现象是无意识的“表达”，不过大人可以根据这些信号来加以判断而给予协助，这也是婴儿维持生命的重要的因素，至少婴儿可以利用这种生理现象促使大人帮助自己维持在安定、舒适的状态下。反过来说，周围的大人也应尽量配合、把握婴儿这些生理现象、“表达”的信号，并理解其内容。

微笑的变化

新生儿能接受外部刺激的听觉、视觉等感觉器官出乎意料地发达，而且婴儿还有很强的模仿能力。不过，婴儿的这些能力与生理性的微笑一样，都只是停留在原始基础上。出生后两个月开始，婴儿的笑容就逐渐转为心理性活动，各种动作、活动也会伴随一定的自发性倾向，逐渐由婴儿自己来进行控制。婴儿会开始做抬手、眺望、舔食等动作，听到有人说话时也会回过头去，婴儿的目光还会随运动着的物体而移动，逗婴儿时，他会发出回应的声音或微笑。从这时候开始，婴儿的信号就逐渐从纯粹的发出信号转为彼此交流信号，也就是婴儿开始了以心理因素为基础的表达行为，通过这些表达行为，开始了与大人相互进行交流的过程。如此一来，婴儿的微笑慢慢有选择性，对于令人愉快、感到安心的对象，就会报之以微笑。

出生后三个月的婴儿看到人时一般都会微笑。到了五六个月后，婴儿看到的人就会有所选择，并开始怕生。婴儿的微笑逐渐反映出自己的意愿，能使婴儿微笑的内容（对象）也更加具体化。当然，微笑的意义出现了变化，也说明了婴儿心理、认知、识别能力的发育。而且，婴儿在与周围的人进行交流时，微笑也是最重要的线索和方法。

哭声的信号

婴儿的微笑还会对周围大人有情绪稳定的作用，能为我们带来安定的感觉和喜悦的心情。相反地，婴儿的哭泣却会使人感到不安和烦躁。

对于婴儿来说，再也没有比哭泣更重要的表达意图的方法了。小儿科医生有时可根据尖锐的哭声、短促的哭声、嘶哑的哭声来判断咽喉炎、脱水等有关疾病的部位、病情等情况。但是，通过婴儿的哭泣声而获得有关婴儿疾病的信息却相当有限。而且很难仅从婴儿的哭声正确判断出他想要表达的意思。据报导，在推测哭声意图的测验中，即使针对医生、护士、保姆或母亲，能够完全答对的人也只占1%到2%。

人们也试着对婴儿的哭声进行分析，并把它们整理成几种类型。但是要找出哭声的类型及相关意义的对应关系，则是困难度十足，更何况每个婴儿的个性都不同。在很多情况下，婴儿的哭声中所表达的意图都是以母亲的直觉来判断的。婴儿哭泣的习惯，只有从每天的日常生活节奏中逐渐去掌握。

因此，关键还是在母亲与婴儿之间的亲密接触。一般把这种情况看作是母亲对婴儿爱的表现。婴儿哭泣时，母亲会觉得孩子十分可怜，所以更应该理解孩子的哭声所表达的意思。婴儿的哭泣肯定是有原因的，母亲应逐渐体会这些原因，加深对婴儿的认识。婴儿在这个过程中，也会逐渐加深与母亲之间的默契，累积相应的感觉。可见母亲对婴儿哭声的理解程度可以反映母子之间的接触是否频繁。在理解婴儿哭泣原因的过程中，母亲与婴儿之间心灵上的沟通也得到进一步的加强。

婴儿不会无缘无故装哭，哭泣是反映他是否适应某一个新环境的信号。而且除了哭泣之外，也没有其他表示不愉快、不安、痛苦的方法，因此，哭泣是一件理所当然的事情，我们应当忍受婴儿的哭泣，想办怯了解婴儿哭泣的背后所要表达的意图。

学习表现方法

微笑、哭泣都是婴儿前六个月最主要、最基本的表示意图的行为。这段时期婴儿的情绪也主要分为愉快、不愉快两类。但是，婴儿在这段时期所表现出来的信号（微笑、哭泣）无法再细分下去，它们所表达的意图也很难在愉快、不愉快的基础上再细分。而且，这些信号都是无意识状态下的信号，不能得到有意识的控制。

对我们而言，最为普遍的是以自觉为基础的表达行为、以相互理解为基础并利用共同方法的表达行为。大人的表达能力与婴儿的表达能力有着根本的区别，要与婴儿进行交流，大人必须把握住它们之间的差别。婴儿发出的信号有手脚的动作、声音（还不能称之为语言）等信号。这些信号只不过是婴儿的自然反应，而我们却经常把它们当做婴儿意图的一种外在表现。此时，婴儿所发出的信号与我们大人的表现习惯、惯性有着完全不同的性质，没有通用性。我们在看待婴儿的微笑、哭泣、手脚的动作等信号时，要把婴儿的信号翻译成大人的语言，这个过程就是大人适应婴儿的“表达”（信号）的过程。

对于接受信号的人来说，必须理解信号所传达的意思。即使大人之间的交流，接受信号的人也必须适应对方的信号才能达到交流的目的。对于大人与婴儿之间的交流，当然对婴儿信号的理解就显得更为重要。接受婴儿信号的时候，与其他情况（比如接受大人的信号）相比，大人对婴儿信号的适应和理解就有举足轻重的作用。也就是说，婴儿的信号完全是一种自我本位的“表达”方法，只有在得到大人的理解之后才能达到交流的目的。

培育人类行为的感受性

婴儿会对周围的人进行观察，把他们当做自己的镜子，并逐渐意识到自己的行为究竟表达了什么内容、讯息，进而了解周围世界的各种活动，体会表达活动带来的愉快。这是他们对“表达”的最初体验。同时，婴儿会本能地模仿人的各种举止、表情。我们在日常生活中与婴儿之间的交流方式就成了婴儿活动的样本。

关于“表现”这个问题，不但要培养婴儿的表达能力，还要注意培育婴儿的感受性。在育儿的过程中，注意不能影响到婴儿丰富、敏感的感受性。表达的丰富与其说是体验在方法上，还不如说是体会在内容及本质上。要培育婴儿的表达行为，先要给他一个适当的环境，在声音、颜色、形状、动作、质感等方面下功夫，让婴儿能够生活在愉快、安定的环境里，充分发挥丰富的感觉。在婴儿生活的环境里给他一定的刺激，让他能够体验到大人的感情。

出生两个月后，婴儿的行为会逐渐从动物性本能转为人类的（理性的）行为。之后，婴儿的表现行为就会逐渐得到有意识的控制，但这个阶段的表现行为仍然缺乏具体性。婴儿对大人的表现行为也不能完全理解，不能与大人用语言交流。不过，婴儿不会矫揉造作，也不会有任何欺骗行为，直接反应的就是婴儿本身意愿的行为。如果直截了当的信号能够得到别人的了解，任谁都会感到无比的高兴，这种反应自身真实意愿的信号也是表现行为的丰富源泉。因此，我们不能轻忽婴儿的“表达”性信号，要把它们当做婴儿的重要表现，努力把握婴儿的表达行为，与婴儿更深入交流，以达到培育婴儿丰富感受性的目的。

零岁宝宝的生活教育

要慢慢训练宝宝，让宝宝拥有规律且固定的生活作息和良好的生活习惯，才能让宝宝安心健康地成长发育。

规律的生活节奏

人类原本就是带着一定生理上的节奏而生活，特别是在婴儿期的睡眠、哺乳、排泄、苏醒等自发的规律活动。做父母的应该以此生活节奏为蓝本，建立与家人共同适应的生活节奏。本书所谈的大体上都是一个平均值，仅提供给父母亲参考，是容许有弹性的，不能一概而论。

例如，我的第一个小孩从新生儿期开始就显示出生活节奏大致是四个小时为一个循环的特征，这与育儿书的标准相近。若在傍晚六七点喂奶，晚上就一觉到天亮，不需要半夜再喂一次奶。但是，第二个孩子则在三个小时左右就会醒来，夜里会哭闹一两次、想要喝奶。而他又特别讨厌奶瓶，由于从三个月起一直是以泌乳状况不太好的母乳为主食，夜里吃奶的次数也不断增加。

另外，因母亲身体不好而寄养在我家的侄儿，从出生到一个半月左右，一天二十四小时完全依照三个小时的节奏，每次还不到三个小时必定要喝奶，简直比时钟还准，一天必须喝足八次奶。仅仅是笔者身边的三个例子就存在如此大的个体差异，由此可知，每个小孩之间的差异性有多大了。所以父母们请依照小孩自身的节奏给予最妥善的照顾。

一般来说，出生一个月后的生活节奏大约是三个小时为一循环，然后逐渐变为四个小时，夜里的睡眠时间也渐渐变长。从三个月左右开始，婴儿喝奶后仍会醒着并高兴地玩一会儿；六个月左右开始，白天会在上午和下午各睡一到二小时；一直持续到一岁左右，就变为一日一次，为午饭后两个多小时的午睡，而主要的睡眠都在夜间。父母或保姆必须一边适应小孩这种生活节奏的变化，一边呵护孩子，同时还要整理家务、适时休息。原本孩子出生以前的生活习惯，此时必须为了完全配合小孩而有了大转变。

不要认为这样的改变“讨厌”、“麻烦”，不妨认为这种生活秩序和方式也是可以习惯的，进而想办法利用其他的时间去做自己想做的事。时间可能会因为有了小宝宝而被切割得零零碎碎，而且，以前一直都是以自己为中心来安排生活，但现在已不能随心所欲了，婴儿一哭就不得不将手边的工作停下来；想休息一下，却还有一大堆的衣服要洗；每天忙得要命，还得给婴儿洗澡、喂奶……无论如何都轻松不下来。不可思议的是你的不悦情绪，连带地也会使婴儿变得闷闷不乐。为了杜绝这种恶性循环，建议妈妈们不妨经常听听音乐，改变气氛，或许可以借此转换心情。

生活节奏的混乱

虽说要保持生活节奏的规律性，但不是要你按部就班地一成不变。大人每天的心情都不同，更不必说幼小的婴儿了。婴儿的情绪不仅会由母亲及家人心情的变化而改变，还会随天气及前一天生活的方式而变化。偶尔稍微偏离一下平常的生活节奏并不会有什么大问题。

婴儿生活节奏的混乱几乎都是为适应大人的作息而造成的。正要入睡时，父亲回到家想抱抱宝宝，或者过分逗弄孩子让他过于兴奋，或者是母亲因不知不觉看电视看过了头，而一边做家务一边自责等，一点点小事情都会打乱婴儿的生活节奏。

日常生活中必须避免让婴儿过于兴奋，而且尽量不要制造扰乱其生活节奏的因素。例如，家里来了客人，如果母亲能以开朗愉快的心情去接待客人，那么婴儿的情绪也会很稳定。母亲应该是一边照顾婴儿一边接待客人的。如果有什么突发的状况发生也应镇静应对。但是，整体而言，婴儿在傍晚大多会情绪低落。在这个时间，做妈妈的必须带着悠闲的心情面对婴儿。

父母最烦恼的恐怕就是婴儿的夜哭。即使不哭，也会有昼夜颠倒——晚上醒来、白天睡觉的情形。也不知道是什么原因造成这样的情形，让家人疲惫不堪。以前，生活周遭的人对婴儿的哭泣大都抱持宽容的态度，而且婆婆或娘家的长辈等也都会对该如何照料提出一些经验上的指点，但现在，特别是生第一个宝宝时，常会出现一些令人哭笑不得的状况，有的父母实在疲于应付，于是干脆和婴儿一起哭了起来。

如果婴儿哭，首先应检查尿布是否湿了，或宝宝是不是肚子饿了。先前笔者也曾说过，婴儿在傍晚时不快的哭泣或想睡时撒娇似的哭泣时，可抱起婴儿轻轻地拍打，耐心地哄。另外，还应检查衣服是否太紧、是否有虫子或垃圾粘在身上。有时会意外地发现，是由于自己怕婴儿冷而给他穿的短袜太紧；有时是因为皮肤粘了一点枯草，或榻榻米上的垃圾使他不舒服等。有时还可能是因为天气太热、暖气开得过强、洗澡时水温过高而造成宝宝口渴等。当然还要考虑是不是宝宝的身体有异样、有没有发烧、大便的状况如何等各种原因，试着详查各种可能。

试着去了解婴儿的要求

无论多么小的婴儿都是一个“人”，因此会努力将自己的要求传达给周围的人们。母亲也不该置之不理，而应试着设法了解他的需求。随着这种体验不断增多，不知不觉中就会与婴儿建立起一种沟通模式。婴儿一旦领会到便会更依赖此人，而不断提出另外的要求。这样一来，照顾婴儿也就变得其乐无穷了。

仔细观察婴儿的举止，体察婴儿的心情，并采取相应的对策，比了解许多知识更来得重要。婴儿想把自己看到的东西也告诉母亲，于是“咿咿呀呀”地叫，或者想让母亲和自己玩一会儿，就发出奇怪的声音想引起妈妈的注意，有的母亲会一味地责备孩子“吵死人了”，只是一个劲地把食物往婴儿嘴里塞。在推测孩子为什么会发出声音、想要什么时，如果试着改变立场想一想，想象自己是个婴儿，也许会意外地找到答案。

对宝宝要面带笑容

请在面对婴儿时保持温馨慈爱的笑容。照顾婴儿的人若能时时带着安详明朗的笑容，最能使婴儿的心情和生活变得安定。婴儿醒来时，会啼哭或出声引起别人的注意，这时如果跑过来察看的是一张笑脸，宝宝的心情就会变得愉快。同样，如果在入睡时有一双温柔的眼睛在一旁守护，婴儿就能够安心地入睡。

尽管如此，大人也有心情不好的时候，在这种情况下，不安和不能随心所欲的不满就会令人不快。特别是初次育儿的母亲，面对的都是之前从来未碰过的事情，情绪就变得更加不安与烦躁。

一整天都要微笑以对，虽然很难办到，至少也要做到在宝宝面前保持笑容，这样才能使婴儿的情绪保持稳定。孩子高兴，母亲也放心，更能体会与婴儿在一起的乐趣。在生活中与家人一起营造出来的快乐是最大的幸福。想想人生不过如此，这种美好与幸福，宝宝想必能感受到，母亲便该更加努力去制造这种幸福吧！

生活习惯的教育

不仅生活习惯，只要一提到习惯的养成、教养等，就认定是必须遵守的规矩而且随时都要坚持。其实最重要的是保持好心情。例如，每天早晨醒来时，母亲都带着温柔的笑脸问候一声“早安”，婴儿就会显得非常开心。母亲面对心情愉快的婴儿，也带着愉快的心情说：“醒来了！好孩子、好孩子！”在重复这句话的过程中，婴儿听到别人说“早安”，自己也会有想要回以“早安”的心情。如果周围的人都不做的事情却规定孩子做，就太过勉强了。

教养，应该在不经意中培养，也就是不刻意要求小孩必须学会什么，而是通过大人日常的行为来影响小孩，也就是所谓的身教。在婴儿零岁时曾向孩子问候早安的父母，通常越到后来次数就会渐渐减少。如果父母在生活中能做到持之以恒、愉快地与家人相互问候，那么，即使没有刻意要求孩子问候，孩子也会在不知不觉中养成这种好习惯。

生活习惯的基础是建立在给婴儿一个好榜样，并以愉快的心情带动婴儿的情绪之上。所以，不要急切地强迫婴儿做什么，应将重点放在怎样让宝宝的生活有规律上。也就是说，仔细观察宝宝的反应，用心去照顾，就是帮助婴儿建立良好生活习惯的捷径。

教养宝宝时要保持愉快的心情，微笑以对。

零岁宝宝的游戏

要让孩子在零岁期即拥有丰富的游戏，妈妈与婴儿必须建立起爱的维系，如此才能安定婴儿的情绪，使其心情愉快。

生活与游戏

婴儿只有在父母的爱和细心照料下才能得到安全感，身心才能健康成长。因此，亲子之间建立紧密的维系渠道是很重要的前提。

在愉快的心情下，婴儿才会表现出想要玩的姿态。

婴儿感到饿、困、痛等不快时会哭泣，如果大人随时都能为婴儿解除不快，提供给他舒适的生活，就能安定婴儿的情绪，诱发出婴儿自发性的行动，这样就形成了游戏。正因为处在舒适的状态下，婴儿才会到处爬，盯着拨浪鼓，仔细听它发出的声音，而且还会咿呀乱叫，或伸出手去拿。在心情愉快的状态下，婴儿才会看自己的手、双手交叉合并、伸手去抓枕边的拨浪鼓等，表现出想要玩的姿态。

要让孩子在零岁的阶段拥有丰富的游戏，父母接触婴儿的方式是一大关键。充满爱的温柔眼神、表情、语言等都能增加孩子的安全感，并引发出孩子游戏的兴趣。身体上的健康也会严重影响到精神上的发育，如何安排婴儿的睡眠、喝奶、饮食、排泄等日常生活便相当重要。身体的健康当然是宝宝萌发游戏心的根本。

不仅在家里，即使在托儿所等团体生活当中，也应重视小孩各自的睡眠和生活规律，对于幼儿“想喝奶”等生理要求和“想抱”等撒娇的欲望，应恰如其分地给予满足，同时努力让婴儿的生活保持在舒适规律的状态中。不应过于期望孩子的成长发育，或要求孩子学会什么。在这个时期，大人只有尽量为孩子着想，让他悠闲地生活，促进其身心健全发展，才能在苏醒时生机勃勃地玩耍。

从出生到两个月宝宝的游戏

1.看、听

这个时期的婴儿睡眠充足，食欲也很旺盛，会密切注意着周围的变化和任何会发出声音的东西，并仔细地倾听发出的声音。由于宝宝还不能自己移动身体、使用手，因此这种被动的欣赏就成为他的“游戏”，这种刺激也会促进发育。所以，应在婴儿的视线范围内布置鲜艳、明亮的色彩，吊挂一些音色柔和且会晃动的音乐铃。距离婴儿的眼睛大约三十厘米，挂在枕头的斜上方。

婴儿从一个月开始，视线就会随着玩具而移动，这时应经常改变玩具吊挂的方向及婴儿睡的方向，以免视线总是望着同一个方向。同时将类似拨浪鼓一样会发出声音的玩具在婴儿身旁轻轻地摇动，对他轻声细语或唱儿歌等，都是相当重要的游戏，对语言的发育也有助益。

2.身体的运动

这个时期的婴儿会不停地舞动手脚，不仅是对活动自己身体感兴趣的体现，也是迈向下一个阶段发育所做的准备。自由活动身体相当重要，因此应让婴儿的衣服保持宽松，尿布不可包得太紧，还要考虑寝具是否舒适。不要让婴儿一直躺着，要不时托着他的颈部抱起来。边走边轻轻摇晃，给身体舒适的刺激，同时让他适应与人的身体接触。

出生满两个月后，婴儿开始会进行短时间地腹部爬行，前方若有拨浪鼓在响，就会试着抬头看，久而久之就能用自己的力量支撑起头部了。不须刻意训练，婴儿就会自己抬起头环视周围。舒适的刺激成为婴儿自身的游戏，这种视野的扩展会引导出身体的下一个活动。

三个月到五个月宝宝的游戏

1.握、伸手

婴儿出生满三个月左右，开始表现出看自己的手、双手的手指交叉、将手放到口中吸吮等类似游戏的行为。摇动拨浪鼓或发出类似吸吮手指声音的玩具时，孩子就会高兴得手舞足蹈。但因为手部的功能还未成熟，因此即使试着让他握住玩具也会很快就掉下来。大人可以一边握住婴儿的手，一边摇动玩具，之后，婴儿就能逐渐拿住玩具了。

到了四到五个月，还会出现伸手想拿身边玩具等行为。在反复进行的过程中，眼睛的运动也渐渐开始发育，慢慢与手部的运动取得协调。六个月左右，就能够准确接触目标，进而能用双手紧握住。如果在其手能接触的范围内，放置宝宝感兴趣且容易握住的玩具，或者在枕边放置一碰就会动或发出声音的电动玩具，婴儿就会伸手去抓，一旦碰到并发出声音，婴儿就会高兴地笑了起来。

2.身体的活动

三个月大左右的婴儿颈部可以自己挺直了，满五个月时就可以支撑着坐起来，上半身已能够保持平衡。可以坐在大人的膝盖上，或者后面垫上毛毯，以坐的姿势玩一下玩具。他喜欢让人直直抱起，大人若托住他的腋下让其站立，宝宝就会不断地伸曲双腿。

这个时期开始学会翻身，从仰卧转向侧卧。从小孩的侧面发出声音或摇响玩具，引导他翻身，也能让他感受到移动身体的乐趣，并常常改变他的姿势。不要对他施加压力，但要给予让他运动的刺激，以促进下一个阶段的发育。

六个月到八个月宝宝的游戏

1.抓、吸吮

这时的婴儿能够伸手抓住感兴趣的玩具，因为耳和手的协调动作得到了发育。而且无论是布娃娃、积木还是掉下的纸，一拿到手就会往嘴里塞，或者舔、或者吸吮。虽然在体会物体的感受时不能用“硬”、“软”、“有声音”、“痛”、“粗糙”等字或词来表达，但是婴儿通过直接与东西接触，就能够调整手和口的感觉，在感觉上抓住物质的特性。

能够独自坐起来后，手和身体的活动也更加自由了，可以玩弄身边的不倒翁，高兴地听着自己弄出的声音；或者搅动小积木等玩具，一会儿又撒开扔出去。此时的宝宝已经能够使用双手拍打东西或抓住玩具，或者换只手握，利用手想出各式各样的方式来玩耍。

2.从“翻身”、“坐”到“爬行”

婴儿在六到七个月时，身体比较能够自由活动了：可以翻身，趴在地上时以腹部为轴心迅速转换方向；能够从坐的姿势变为腹部爬行，并向前爬行；或指尖用力，向感兴趣的东西爬去，但有时反而会后退。七到八个月，即使不支撑也能坐起来。可以坐着玩周围的玩具，或者兴高采烈地与大人玩拍手的游戏。

这时应注意变换婴儿的各种姿势，让他充分活动身体。现在由于室内空间越来越狭窄，婴儿爬行的机会变少了，取而代之的是以支撑站立和扶着墙壁练习行走。爬行运动能够增加腹肌和手臂、腿的肌力，有助于全身肌肉的发育。如果没有经过爬行的阶段，会影响到婴儿行走的发育。

九个月到十一个月宝宝的游戏

1.使用手、使用指尖

从九到十个月开始，婴儿能够依靠自己的力量移动身体如爬行、支撑行走等，其行动范围扩大。不管什么东西，只要他们感兴趣，都会爬过去抓在手中晃动，或者扔出去，或者放在嘴里咬，一边尝试，一边调动视觉和听觉，活动双手。

在幼儿自己能够开合的抽屉里放一些不用的钥匙、胶卷盒、布娃娃、软球等各式各样的玩具，或者在纸箱里放上各种东西，引导孩子自己创造各种看来是淘气的游戏方法。从“抓”小东西到用手指“捏”等，指尖的运动也逐渐发育。因此，这时可以导入促进这种发育的游戏。撕纸、扯掉拉链、将奶瓶盖往箱子上扔等行为，看来像捣蛋的行为，都非常有益。

2.爬行、支撑站立

这个时期，以步行为目标，用各种方式移动身体的活动就是婴儿的游戏，在他努力保持身体平衡的过程中，将逐渐学会直立行走。使用学步车虽然能够使身体更便于移动，却不能让婴儿体会靠自己的力量使身体保持平衡、脚踏实地的感觉。因此，学步车不能完全当成促进步行的辅助工具。

经历爬行、支撑站立、支撑行走、牵着大人的手行走、推着手推车行走等过程，逐步向步行迈进的学习过程是相当重要的。大人应尽量清除掉多余的东西，营造一个能让婴儿爬行的自由空间，或者改变家具的摆设，创造便于婴儿支撑的环境等。绝不要让婴儿有压力，应对婴儿自发性的身体运动加以认可和鼓励。

Part 3
一岁宝宝的成长发育

一岁是从“婴儿”到“小孩子”的转变期。一岁儿可以站立、行走。从躺着的状态到站立，代表即将开启与以往完全不同的生活。一岁儿拥有无法形容的天真烂漫，却又不像婴儿般令人放心不下，并且有某种程度的自我主张，开始表现出喜恶的情感。也可以说是从以往归类为被保护、被照顾的对象，开始转变成“会用自己的意志行动”的时期。因此，在这个时期该如何奠定孩子在日后的漫长生涯中能够活得更好的基础，是极为重要的事。本单元先来探讨一岁宝宝各方面的成长发育。

一岁宝宝身体的发育

一岁儿的生活中心是用两只脚走路，手指的运动变得更加活跃，会渐渐扩展到使用手的游戏，可激发婴儿的智力及运动机能。从一岁起，宝宝会自己把食物放进口中，然后学习充分地咀嚼。

外观的成长

在零岁结束时，约有五成的孩子开始学会走路，经过几个月后，几乎所有的婴儿都可以自己走路。也就是说，一岁儿的生活中心就是用那两只小脚走路，靠自己扩大活动范围。手指的运动也变得更加活跃，因为能学习灵巧的动作，所以可以扩展到使用手的游戏，同时激发婴儿的智力及运动机能的发展。换言之，婴儿时期是建立身体活动基础的时期，应充分摄取营养。此时，很适合发展运动机能，因为当肌肉开始发育，会使得圆滚滚的身体开始伸长。

当肌肉开始发育，宝宝圆滚滚的身体开始伸长，你会觉得孩子变瘦了，这属于正常的发育现象。

1.体重、身高

欢度一岁生日后宝宝的平均体重是9到10千克。可是，在此之前的发育过程，身高与体重的曲线，对于各个年、月龄，标示出从最小值算来的第10百分位数与90百分位数。另外，未满两岁的身高是躺着测量，两岁以上的身高则是站着测量。

因为出生时的体重与日后的营养摄取方式的不同，体重的变化也不尽相同，满一岁时的体重会出现相当大的个体差异。直到满二岁为止，孩子所增加的体重也比零岁时减缓许多，这一年间增加的体重为2到3千克。与零岁儿一年间增加6千克相比，速度显然减缓许多。所以二岁儿的平均体重是11到12千克。一岁儿的身高为75厘米，之后的增加也和体重一样变得相当缓慢，满二岁时大约为85厘米。

2.体型

随着孩子走路、使用双手等运动机能的发达，身体看起来会略瘦，而且皮下脂肪也比婴儿时期少。同时因为在这一年间开始发育，可以看出脚形为O形腿。也就是把脚掌对齐之后，膝盖的部分好像朝向外侧。

虽然实际上并不到那种程度，但是因为外侧的皮下脂肪较厚，看起来就像一般所说的O形腿。这种O形腿随着走路越来越稳，自然就会撑直，变成接近X形的形状，再经过一段学步期才会变成笔直。

这时的头围虽然变得比胸围小，然而与身体相比，大头还是一个特征。因此，在走路摇摇晃晃或相当会走路的阶段，很容易因为头部太重而跌倒；在浴缸或阶梯等地方往下看的时候，也会有失去重心而向前倾倒的情形。另外，因为乳齿的发达与固体食物的转化，咀嚼食物变成日常的行为，颚骨的发达使一岁儿的面貌渐渐趋向幼儿样。而且一旦经常步行，为了取得走路时的平衡，腰部的脊椎骨会向前突出，所以肚子看起来大大的也是这个时期的特征。

3.个体差异

此时期的成长有很大的个体差异。零岁儿时饮食的分量对体重有相当大的影响，但一岁儿不只是营养的摄取，因为日常动作变得频繁，每一个孩子的运动量也会影响到体重的多寡。也就是说，不只是摄取营养能量，从运动及睡眠等日常生活中所消耗的能量间的平衡，也关系到体重的增加，这时期的体重与许多因素都有关系。

而且不只是个体间的差异大，婴儿期明明胖胖的却明显消瘦下来，或者是婴儿时期的体重比平均值小等令人担心的孩子，到这个时期体重也有超过平均值的情形。所以，在测量体重的时候，不能光比较平均值，重要的是要和前次测量的数值比较，来看体重增加的整个过程。就算数值位于百分位数小的部分，只要是沿着某百分比的曲线平行增加的话，就不需要太过担心。

身体机能的发育

母亲体内营造营养充分的理想环境让胎儿成长，不久后婴儿就诞生了。所以，胎儿诞生于这个世界时，只成长到基本的成熟阶段。然后，零岁儿开始发展身体各部分的机能，以适应一年间春夏秋

冬四季的变化，并进行呼吸机能及以心脏为中心的血液循环、乳品及副食品的消化等基本发育，甚至变得可以自己走路，准备迎接一岁的到来。因此，以一岁儿身体机能的发展来看，一岁儿可说是将零岁儿具备的基本性发育扩展到生活中的时期。

可是，还有一些机能尚未成熟，日常生活中仍不乏有必须帮助孩子的情形。例如，排泄机能逐渐发育成熟起来，虽然能自主，但是孩子不会自己换尿布，一定要有人帮忙才行。吃饭也是一样，虽然变得能吃一般的食物，却需要双亲准备，偶尔还需要父母在旁边帮忙才能顺利进食。也就是说，这时期的日常生活，主要是一方面帮助孩子做他不会做的事，一方面促进其各项机能的发展。

排泄功能的成熟

随着孩子的成长发育，一岁儿想小便或者大便的时候会告诉妈妈。如果是在晚上，就会自动醒来以免尿床。但这并不是因为妈妈的教导才变成这样，而是婴儿原本就具有发展成此种情形的机能。这正是在婴儿满一岁前运动机能发育的结果，和能用两只脚走路是一样的。绝对不是妈妈教导就能学会的事。婴儿之所以能用两只脚走路，是因为身体机能中早已有所准备。

如果再稍微扩大思考范围，人类是哺乳动物，和狗、猫及狮子等是同类的生物。这些生物在出生后不久，就算没有任何人教导也会自己走路，并且不会在自己住的地方排泄，而是排泄在离住处有一段距离的地方。晚上睡觉的时候，也一定会醒过来到别的地方排泄。因为走路这件事，是保护自己不受敌人侵袭的基本能力，如果排泄物弄脏自己巢穴的话，敌人会从气味得知巢穴所在地，而导致自身遭受到袭击。像这样自己走路、处理排泄物等生物求生的本能，是时间到了自然就会的事。

这些是其他生物出生后不久就会的，只有人类需要花费较长的时间才能达到此种程度。一般而言，开始学会一个人走路是在一岁前后，排泄行动自立则是在二岁到三岁时。在此，请试着思考，在婴儿能自主排泄之前，双亲该如何照顾孩子呢？刚出生的婴儿，一旦累积尿液及粪便，就会反射性地排泄，因为膀胱及肛门的括约肌还不能充分发挥功用，此时，弄脏尿布的次数相当多。

在宝宝三到四个月时，只要有想要排尿及排便的感觉，就会吵闹不休或哭泣。所以，看到这种情形，就表示尿布已经脏了。之后，随着婴儿的成长发育，膀胱及直肠等神经的功能逐渐发达，满一岁后，一旦膀胱中累积尿液，或直肠中累积粪便，就会刺激大脑皮质，婴儿会表现得跟平常不太一样。可是，因为还无法忍耐这种感觉，就算妈妈马上帮忙，大部分的情形都是已经尿到裤子上。如果事先发现这种情况的话，妈妈就要脱下孩子的尿布，让孩子使用幼儿马桶。即使持续这种情况，孩子也会因为不想让排泄物弄脏身体，进而引发想用幼儿马桶的兴趣。

所以这时会通过肛门括约肌的紧缩而逐渐学会忍耐，最后终于在出现想排泄的感觉时告诉妈妈。孩子能达到这个阶段，平均是在快满二岁左右。之后，孩子会记住这种排泄的间隔，变得就算在睡眠中也会醒来告诉妈妈，平均是在三岁前后就可以不穿尿布。

虽然一直以来都有所谓的排泄教导，但是排泄和婴儿可以一个人走路是一样的道理，是没办法教导的。而且排泄机能的自主，并不表示过了需要妈妈帮助的时期。所以在这个时期，就算偶尔尿床也不能责骂孩子，但是排泄成功时的夸奖却是重要且必需的。

运动机能的发达

基本性运动机能发展到最后就是用双脚步行。可以一个人走路这件事，代表实现了孩子的意愿，一岁儿的身心是通过这种运动而逐渐发育的。因为孩子终究要在复杂的生活环境中自由行动才行，所以运动机能一定会更进一步地往双脚步行发展。而这要通过日常生活中的体验而慢慢发展。而且，因为手部及手指的发育，开始会创造、毁坏物品，这在智力的发育上也扮演着很重要的角色。

通过这些运动机能的发展，使得生活变得复杂之后，宝宝就可能遭遇一些突发的意外。一旦因此受到伤害，对孩子来说不但是肉体上的痛苦，同时也是精神上的负担。但这些意外也不完全是负面的，对于孩子日后运动机能的发展也是一大助力。也就是说，通过这些受伤的经验，逐渐发展出下次要做好的意识。因此不要因为害怕宝宝会受伤，就过于保护，反而让宝宝失去了学习的机会。

一岁多正好是借由自己走路扩展行动范围的时候，而且心智的发育亦显现出对所有事物的兴趣，这也是在生活中出现各种意外的时期。跌倒、撞伤等，虽然偶尔会使身体受到轻微的伤害，但这些却是让基本性运动机能发展成更复杂机能的极大助力。能容许这些伤害到何种程度，从孩子的运动机能发展是如何积极性地进行，或是消极性地进行就可以了解。

1.自己走路

单是用小小的脚支撑身体站立就是件不容易的事，更别说要伸出脚来移动身体了，自己走路必须运用到身体相当多的机能。为了让膝盖、腰部以及脊椎等多数关节伸直，几乎要动用到全身的肌肉来支撑才行。而且脑部经常感测到站立的感觉，所以当他们快跌倒时就一定会恢复到原来的姿势。因此，刚开始学走路时，可以看到孩子努力取得平衡的样子。

首先，孩子会东倒西歪地伸长双手取得平衡，然后渐渐放下，最后一定会变成不用双手平衡也能走路。到了一岁六个月左右，大部分的孩子都能放下双手走路，或者一边用手扶着东西一边走路。之后就能走得相当平稳，还会懂得避开危险的东西。刚开始爬楼梯时也是一样，慢慢地就会扶着墙壁或扶手用两只脚爬上去。一岁三个月到一岁六个月左右，就会自己上下楼梯。

2.手指的动作

手指也开始能够抓住小东西，但若不注意也常常会发生误食的意外。而且，虽然常出现把拿在手里的东西丢出去的这种大幅度动作，另一方面也会有像堆积木等的细微动作。所以说，游戏可以说是孩子发展的动力。

饮食机能的发育

1.开始自己吃东西

零岁的时候（婴儿期），配合饮食机能的发达，可以喂食各种经过调理的断奶食品，好让孩子发展各种身体机能。一岁开始，孩子不需要人喂就能自己把食物送到口中，然后逐渐学会仔细地咀嚼食物，是大幅往饮食自主前进的时期。

一岁儿开始要学习自己吃饭，特别是在饮食机能的发达上，在一岁儿这个时期，一边模仿他人一边学习的情形非常多。例如，一起吃饭时，常常能看到孩子“目不转睛”地盯着大人吃饭的情形。如何用叉子从盘中拿取食物、放入口中后要确实地细嚼慢咽，以及一次吃的量有多少，孩子一面看着四周的人，一面试着做一样的动作。过程中会弄翻碗盘、弄脏衣服等，总要重复失败好几次后才能逐渐学会。

向饮食的自立迈进的这一年，和家人团聚在一起吃饭，并在快乐的气氛下用餐，是一件特别重要的事。在这种用餐环境下，孩子逐渐学会自己吃饭。接下来笔者再稍微详细地依序解说这个过程。

2.双手参与饮食机能

断奶期结束，而且靠乳类以外的食物也能充分取得营养的一岁儿，开始朝向饮食的自立迈进。一旦孩子开始用自己的手抓食物送到口中，就有可能将食物散落一地，弄脏四周环境。这是因为手部机能的发育尚未成熟，还有手和嘴的动作不能协调的缘故。自己拿取食物，是所有生物求生的本能。

第一步就是在还不能巧妙地使用餐具时，开始用自己的手抓食物，并且放进口中。手肘抵着桌子、双手贴近脸，努力地协调手和口，为了成功地把食物放进口中而反复练习。把从零岁起抓到任何东西都放进口中的练习成果，都用在吃饭上面。拿取食物的手、容纳食物的口，渐渐地彼此协调，获得具有一个目的的机能。大约在断奶期后期，会出现用手握住食物，把手掌整个塞进口中的吃法。满一岁之后，会发展到以大拇指、食指、中指“捏”的方式抓住食物，并送进口中。

断奶期时放进口的食物分量，最好由喂食者适当地调配成一次的量，因为让孩子自己拿的话，一开始会不知道分量。常常看到孩子整口塞满食物，因为不能吞咽而又把食物从口中抓出来，再捏其中的一部分来吃的情形。依食物干湿度、黏性等的不同，会造成在口中处理的难易性。这种拿捏一口分量的感觉好像很简单，其实却非常地困难。

3.能使用门牙

约在断奶期中期出现的乳齿，在一岁左右，口腔上下会各冒出四颗前齿，一旦出现这种前齿上下咬合的情形时，就会常常看到孩子用这些牙齿咬玩具来玩耍。婴儿张大嘴巴咬着婴儿坐椅的皮带及餐桌玩，并将物品咬得伤痕累累。用前齿咬东西的游戏可以促进饮食机能的发育。通过所咬的东西，一岁儿会知道用牙齿咬的感觉各不相同——柔软的东西、有弹性的东西、像塑胶一样坚硬的东西，而且加在牙齿上的力道强弱和要施力的时间，就算材质相同也能感受到差异。因为东西的形状，嘴巴张开的大小当然也有所不同，使得咬的感觉和出力的情况也就不一样。

就这样，用比后齿感觉灵敏数倍的前齿，在长时间的玩耍中学会用牙齿咬东西的感觉。这种通过玩耍学会的动作和相对应的感觉，渐渐地使用在吃饭上，把一口无法吃完的较大食物，一岁儿会用前齿“喀”地一声咬断，自己调配放进口中的分量。

4.使用餐具吃东西

当“用手抓来吃”演变成习惯时，孩子会重新想要拿汤匙及叉子等餐具。趁着握在手中或四处挥动、乱丢时，半玩耍地拿着汤匙或叉子，偶尔把它伸到盛装着食物的餐盘中，就在一边弄脏四周时，依照握在手里的叉子长度，把叉子送进口中，依手腕弯曲方式的不同，逐渐记住餐具的触感及握法。

在用手抓住食物放进口中吃的“用手抓来吃”阶段，口中含着的食物会溢出来一些，就算一部分外溢到嘴角及脸颊，也会用手指把溢出的部分塞进口中。如果分量过多，便会再度拿回到手里，口与手的连动不佳时，也可以稍微靠自己的力量来补足，但是使用餐具时就不能如此做了。因此，为了把食物放进口中，就非得借助未成熟的手来帮助口部机能良好运作不可。

接收食物的一侧是口，放入食物的器官则是唇。尚不熟练使用汤匙或叉子等餐具将食物送到口的附近时，为了补救尚未熟练的运送动作，唇就发挥了让脸部接近食物的功用。刚开始就算是使用汤匙等餐具来吃，也是从用汤匙把食物放入口中的吃法，依序变成能用双唇含住用汤匙等餐具拿取的食物。配合手指机能的发达，到一岁后半期才会渐渐能一个人用汤匙或叉子吃饭。

5.咀嚼功能大提升

一岁半之后，乳齿的第一乳臼齿开始出现。在长牙的顺序中，大多数的情形是，门牙旁边被称为乳犬齿的牙齿比这颗第一乳臼齿后长，也许中间的牙齿还没长出来就会看到后面的牙齿了，这令有些妈妈有点担心。但是先长出最早的臼齿（第一乳臼齿）后，再长出前面的犬齿的情形却经常发生（乳齿数不够的情况很常见）。这个时期，很早长牙的孩子和老长不出牙的孩子间有相当大的差异。就算是这颗被称为第一乳臼齿的臼齿，有的孩子过了一岁生日后马上就长出来了，也有的孩子则是到两岁的生日时才长出来。

臼齿特别能充分发挥饮食机能，所以是不可或缺的。咬碎、研磨放进口中的食物，并且将其和唾液混合，变成泥状而容易吞咽的过程称为咀嚼。虽然这项机能基本上在断奶的后期（九个月到十一个月左右）即可形成，但是因为尚未长出牙齿，只能一边用牙龈磨碎柔软的食物，一边学会吃东西。等到满一岁长出牙齿，上下的臼齿终于咬合后，咀嚼能力就会倍增。臼齿的主要功能是磨碎食物，呈现出“臼”形。因为可以磨碎夹在上下臼齿间的食物，所以食物的处理能力开始有效率。

满一岁半之后，因为长出臼齿而可以顺利地咀嚼，虽然也能吃相当坚硬的食物，但是乳齿中最大的臼齿（第二乳臼齿），大多是在满两岁后才长出。一岁儿的咀嚼，因为担任主要角色的最后一颗臼齿（第二乳臼齿）尚未长出，虽然说已长出臼齿（第一乳臼齿），却还不能很顺利地吃硬肉等较难咬碎的食物。但是与零岁时期相比，饮食机能在此阶段会飞快地发展，能顺利进食各式各样的食物。

6.选择食物的喜好

孩子在此阶段会出现将放进口中的食物咬个几次就吐出来，或者慢慢地咬了许久却不吞下去而吐出来的情形。一般遇到这种情形，父母常会以为孩子讨厌当时放进口中的食物，不少人因而断定那是孩子讨厌的食物。当然也有讨厌那个味道而拒吃的情形，但是有时是因为食物所调理的形式超乎孩子所能负担的饮食机能，因不能顺利进食而吐出。

也就是说，依据调理方式选择喜好的食物，也是发展饮食机能阶段中的特性之一。例如，一岁前像鱼板这种有弹性又难咬碎，即使切细也是一块一块的，混合唾液也不会变成泥状，难咬碎又不容易分散的食物，就算咬碎也难以吞咽，孩子自然就会本能地吐出来。这也是一岁儿不喜欢吃肉类的原因之一。

零岁时期的断奶阶段，喂食时要注意食物的硬度、大小及黏度等的调理形式；断奶期结束后，尚未长出臼齿的一岁儿，和长齐成人牙齿数的五岁儿，似乎常被成人给予几乎相同调理形态的食物。

考虑到机能发展的状态，一岁儿处于尚未长出前半部臼齿的时期，食物如果不是牙龈能咬碎的硬度就无法充分咀嚼，等快到两岁长出后半部的臼齿时，就算是相当硬且难以咬碎的食物也能吃。此时让孩子养成咀嚼有嚼性的食物的习惯，是很重要的一件事。像这样因为孩子口中长出牙齿的状态，也会使得饮食机能的状态出现很大的变化。这就是一岁儿选择食物喜好的原因。充分观察孩子口腔的发育状况，一边确认一边给予适当的食物很重要。

一岁宝宝的健康

家长要根据孩子的发育状态采取适当的运动，但却不能让运动变成“酷刑”。特别是一岁多的孩子，发育的个体差异非常大，各个孩子在运动机能上也有很大的不同。

增进健康

增进健康在任何年龄都很重要，对疾病的预防来说，更是首当其冲。单纯地不让宝宝去接触生病的孩子，或是注射疫苗等方法，并不能使宝宝成为健康的孩子，还必须好好锻炼身体。

说到锻炼身体，马上就令人想到运动，但却不能让运动变成“酷刑”。最重要的是要根据各个孩子的发育状态采取适当的运动。远超过孩子发育阶段的运动，是毫无意义的，反而常常会产生负面效果。特别是一岁多的孩子，发育的个体差异非常大，各个孩子在运动机能上也有很大的不同，所以需要正确地判断，以便采取合适的方式。

一岁多的年龄中，有会走路的孩子和不会走路的孩子，所以不得不思考增进健康的方法。换句话说，不会走路的孩子，一定要由照顾者直接帮助孩子运动或带他到户外；会走路的话，可以利用走路作为运动，或教孩子做些有趣的游戏。但是，伴随着频繁的运动，难免会因为不小心而发生意外，所以，一定要充分留意孩子的安全。

接着，就来看看如何增进一岁儿健康的具体方法：不论是否发展到步行运动，少穿衣服是最简单的锻炼法之一。依照季节的不同，不仅衣服的件数不一样，也得改变衣服的质料才行。

仔细观察孩子的脸色及流汗情形，作为决定运动量、运动类型和衣服件数的标准。根据孩子的动作来变更衣服件数也很重要。

对于不会走路的孩子，请试着采行婴儿时期的婴儿体操。如果会爬行和抓东西站立，也可以利用这些动作与宝宝玩游戏。此时，请尽量让孩子少穿点衣服。对于会走路的孩子，则可以散步，或以在公园等地的运动、游戏为主，借此增进孩子的体力。运动、游戏的内容可以采取固定形式的体操或在公园反复让孩子踢球玩或在四周来回奔跑等等，都是相当有效的方式。此时，尽量让孩子穿着轻便的服装。像这样积极地增进体力，虽然是件相当好的事，但在运动后，也请不要忘记一定要好好休息。运动量大的话，休息量亦得随之增加才行。最好是让宝宝午睡，或者只是舒服地待在室内休息也不错。请根据季节、运动种类及运动量，采用适当的休息方法。

同时，营养的摄取也是增进健康的一大要素。充分运动的话，热量的消耗当然也会跟着增加。所以，如果不能摄取充分的热量，就无法确保身体健全的发育。运动所消耗的热量不多，却摄取过多热量的话，就会形成肥胖，反过来则会变得过度瘦弱。父母应根据各个孩子的发育来决定增进健康的方法，一味采用和其他孩子完全相同的方法，或者适合大人的方法、年长儿用的方法，都会徒劳无功，重要的是要充分配合一岁儿的发育特征。

诊断一岁宝宝的健康

所谓的一岁儿，指的是刚过一岁生日，一直到两岁生日前一天的孩子。这一年间的孩子，可看到非常大的成长差异。因此，关于这个时期的健康状态，正确判断出与其对应的差异，可说是最基本的一件事。首先，来看看生理方面的健康状态，并一一检查日常生活的情形。

1.发育状态的判断

在判断孩子的健康状态上，个体的差异当然被视为最有效的诊断。最重要的是循序渐进地增加体重、身高，以及正确地摄取营养。和出生时相比，到了一岁生日时，体重约增加2到3倍，身高约增加1.5倍。之后，在一岁到两岁的一年间，可看出体重增加约2千克，身高增加约10厘米。从这种发育的步调来看，大致可以说是处于健康的状态。除此之外，希望家长能定期地测量。

2.运动发展的判断

运动机能的发展，和神经方面的成熟有密切的关系，如果有过度迟缓或非常不顺的情形，就应该考虑到是否有异常情形。可是，依养育方式的不同，发展上也会出现差异。

所以，进行发育的诊断时，也可通过养育方式来诊断。约有50%的孩子在一岁生日前后能自己走路，到了一岁三个月，几乎所有的孩子都应该会自己走路。所以，如果到了一岁六个月时，宝宝还不会自己走路或走得很不稳，最好接受医生的诊断。

3.精神发育的判断

显示大脑发育的重要项目，例如言语的发达就是一大重点。大约在一岁六个月时，就能说出单字，到满两岁之前，也有孩子会说出单句。如果会玩积木或洋娃娃，大致就算是发育正常。

4.食欲

不管在任何年龄，食欲对健康状态的诊断来说，都是很重要的项目，但是因为个体差异大，所以一定要充分了解各个孩子的饮食情形。而且，满一岁半以后，食欲会随之变化，甚至于表现出饮食好恶。

5.睡眠

虽然睡眠会随着生活的节奏而发生变化，但它和健康状态也息息相关。而且，这个年龄的孩子常会在夜间哭闹，这时就要检讨白天的生活、精神的发育及游戏等方面。请细心观察孩子是否有难以入睡、浅眠、马上醒来，或很难醒来等状态。

6.精神饱满度

孩子活泼地来回走动是精神饱满的表现。一岁儿有一岁儿的习惯动作，甚至每个孩子都有他自己的动作。精神不佳时，虽然不一定是生病，但还是应该注意，因为有可能是孩子的身体状况不太好。

7.脸色

精神饱满的孩子气血通畅，会呈现出生动灵活的表情。当你觉得孩子的脸色不好时，请仔细观察是否是由精神、食欲等其他因素所造成的。

体质的不同

孩子的体质会影响疾病及症状。这种体质大多为先天性，被认为是产生个体差异的一大要素。例如，呼吸有急促声的孩子、容易排出软便或混合黏液之粪便的孩子、容易出湿疹的孩子等。而且，容易发烧的孩子，和发烧时容易产生痉挛的孩子，有时候也是体质造成的。因为强烈的遗传性因素，特别是父母亲经常也有同样的症状，或者父母亲小时候也常发生，抑或兄姊也常发生同样的症状等，这时其他家人的情形就非常值得参考。

孩子的体质与遗传基因有很大关联。

预防接种

一岁多时到户外活动的机会也会变多，所以罹患传染性疾病的机会也会因此增多。因此，一定要让孩子定期接受预防注射。预防注射可以在各地的乡镇市区卫生所或医疗机构接种。不论是哪一种，都要在孩子身体状况最好的时候接种，所以，在接种的时候，必须详细告知医生孩子的状态。然后，根据医生的诊疗结果，决定孩子能否接受注射。预防注射的目的，是让每个孩子避免罹患传染性疾病，特别是已经上托儿所的孩子，也能有效防范互相感染。

小儿麻痹（又称急性脊髓灰白质炎），共需接种四次，第一剂的接种时间为出生满两个月，出生满四个月接种第二剂，出生满六个月接种第三剂，出生满一岁半施打第四剂。所以一岁儿应准时口服小儿麻痹第四剂。接种前后半小时最好不要吃任何东西，这样对疫苗吸收较好。

麻疹是儿童代表性的疾病，因为其并发症相当严重，请务必按时接受注射。在婴儿满九个月时，须接受一剂皮下注射。于十五个月大时，再追加一剂麻疹腮腺炎、风疹混合疫苗。有10%～15%在接种后4～10天会有发烧症状，对于会因为发烧而痉挛的孩子，必须针对这点与医生充分协商，并在接种后小心照护。

白喉、百日咳、破伤风三种的混合疫苗与小儿麻痹一样必须在这个阶段接种第四剂，前三剂分别是在出生满两个月、四个月及六个月接受注射。亦即，第一剂接种过后，和第二剂要间隔两个月左右的时间，第二剂和第三剂也要间隔两个月左右。第一剂接种后，如果发高热或者注射的部位出现硬块的话，接受第二剂注射时，请务必告知医生。

一岁六个月儿的健康检查

基于“预防胜于治疗”、“早期发现、早期治疗”的理念，父母应按期及时地带宝宝去幼儿保健机构进行相应的体检，以期建立一连续性的健康管理与保健指导体系，早期发现生长发育异常的个案，予以适当地转介及诊治，并提供家长有关儿童生长发育与预防保健的健康咨询服务。

一岁多的代表性健康检查，就是一岁六个月的健康检查。只要依据幼儿手册前往卫生所或医疗机构报名幼儿门诊即可。一岁六个月的健康检查中包括：发育状态、精神运动发展状态、有无疾病及异常、整体生活、预防注射接种状况、意外、牙齿的发育等。

除了诊断、检查孩子的身体及精神方面的状态，还会询问父母各种照护上的问题，或是根据问卷的回答来判断。此时，父母要正确且详实地回答。因为这是正确得知孩子状态的途径，一旦有所隐瞒或敷衍了事，将会影响医生的判断。

在这个时期的孩子身上，可看出下列特征：可以自己走路。会说简单的单字。可以使用汤匙等进行简单的饮食。手指开始发育，会用小的积木或蜡笔等玩游戏。体重的增加稍微减缓。食量不定，少吃或暴饮暴食的情形明显增多。从大人的眼光来看，孩子很皮。经常可以看到反抗的征兆。擦伤及烫伤的意外增多等。虽然这个时期的孩子很皮，但是这是孩子对许多事感兴趣的指标，做父母的应以平常心看待。还有，食量不定、会诉说喜欢与否，也表示孩子开始能正确表达自己喜欢和不喜欢的东西，这些都是正常的发展。

容易罹患的疾病

因为是一岁儿，所以不会突然罹患不常见的疾病。最常患的病痛仍然是以感冒为首的上呼吸道感染。由感冒并发上呼吸道发炎及中耳炎，也是相当常见的现象。从婴儿到幼儿的阶段，鼻子及咽喉到中耳，是病原体容易侵入的部分，中耳炎的发生概率极高。疑似中耳炎的症状是精神不振、用手托着耳腮、把耳朵压在他人身上等。如果中耳炎不确实治疗的话，演变成慢性中耳炎就很麻烦了。

随着孩子长大，开始会走路后，和其他孩子间“往来”的机会也变多了。相对地，罹患传染性疾病的概率也增大了。孩子容易罹患的传染性疾病，虽然有许多种，但在比较小的时候就容易罹患的是突发性疹症，大多是在孩子未满一岁时罹患。除此之外，流行性腮腺炎的频率也很高，而罹患水痘的情形也特别多。因为这些疾病的传染力相当强，接触到的话就很有可能被传染。但是流行性腮腺炎是隐性感染，就算病毒侵入体内，也有不会发病的情形。

一般而言，孩子在满一岁半之后，牙齿的数目最少也会长出上下八颗以上。随着食物的种类变多，饮食也不一定能正确规律地摄取，特别是有明显的暴饮暴食，食量偶尔也会减少。究其原因，大部分是点心吃太多所致。而这也正是龋齿发生的原因。就算从婴儿期就很注意牙齿的清洁，不规律的饮食还是很容易造成龋齿。当然，导致龋齿的原因不只是食物，但食物却是最大的原因，所以请注意让孩子养成正确的饮食习惯。一岁时健康检查，也包括牙齿的检查，请别忘记好好地观察，如果发现患有龋齿，就要尽早让宝宝接受治疗。

一岁宝宝的运动

由大人带领的被动性运动也具有重要的意义，不仅是和大人接触的好机会，也可以让宝宝体验到自己还做不到的姿势和运动。

步行开始与双手的运动

婴幼儿的运动发展，可分为一般、较大动作和微细动作。较大动作有坐、爬、扶着某物步行等全身移动和保持平衡的运动。婴儿时期较大运动的发展，可说是集中在步行的开始上。一岁儿常常想使用这种新获得的步行能力活动，而且因为新奇，所以意愿强烈。在通过步行的过程中，移动及保持平衡的能力会更加发达。

步行与之前的翻身、爬行和扶物步行比起来，是更有效率的移动方法，可以更快速地到更远的地方，扩大了孩子接触的世界。跟在母亲或照顾者的身后，接近其他孩子或接近感兴趣的物体，似乎变得很容易。一旦学会走路之后，宝宝就不会再使用双手来移动或支撑身体。同时，手的运动也变得多元及自由。

伸长双手抓东西、堆积木等手指的细小动作，属于微细动作，与其说是单纯的动作，倒不如说和操作物品有深刻的关系。宝宝会通过抓取位在周围的物品，通过观察或放进口中，来逐渐了解物品的性质。

一岁儿的运动，从步行方式来看，不够灵活又欠缺稳定性，但做父母的不能因为这样而不让孩子多练习走路，或是限制孩子太多，请满足一岁儿想要运动的意愿，让孩子充分运动。

步行的开始

这个阶段运动较大的发展，是集中在自己会走路上。为了要开始步行，宝宝必须发展保持抵抗重力的站立姿势（趴着抬头、脖子挺直、坐、扶物站立、自己站立），和移动能力（翻身、爬行、扶物行走）。这些阶段是宝宝开始自己步行前的基础工作。会走路这件事，对孩子具有重大的意义，我们可以从孩子的脸上看到充满喜悦与自信的笑脸。

刚开始走路时，步行方式当然相当不稳定。但是，就算再三跌倒，宝宝仍会本能地反复步行。通过这些经验，会走得越来越稳定，步行距离也会逐渐拉长。

刚开始步行时，左右脚的间距大，宝宝会高高地举起双手来。这种姿态称为高保护姿势，通过扩大双脚的间距设法保持站立，高举的手腕在快要跌倒时，会反射性地伸长手臂、用手支撑身体，是防止撞击到头部或脸部的反射动作。随着步行经验的累积，左右脚的间距会变窄，手也会逐渐放低，这时采用的姿势称为低保护姿势，介于这个姿势和高保护姿势中间的姿势则称为中保护姿势。一旦形成低保护姿势，手臂也会出现对应脚步移动的摆动姿势。通常在两岁前后就会大致完成步行的姿势。

步行期的个体差异

运动发展的顺序虽然固定，但达成各个里程碑的时期却有相当大的差异，也就是说有个体的差异。十二个月大时约有50%的孩子开始会走路，一岁三个月时则有90%。可是，快的孩子从十个月左右就开始走路，慢的孩子也有到了一岁三个月后才开始的情形。

有的在能扶物步行后不久就开始走路，也有很会爬行和扶物步行，却不会自己站立或很难跨出一步的孩子。放开手只用自己的脚站立，往前跨出一步，就像从事其他的新事物一样，需要点勇气，所以个性慎重的孩子，好像会走又不会走的情形常常会持续一段时期。父母们不要太过急躁，要多给孩子一点时间。这种孩子开始走路的时候，大多数的步伐会踏得比较稳。

走得更好

孩子会走路的话，就让他大步地走。通过走路，让步伐更稳定，积极发展移动及保持平衡的能力。让孩子在庭园散步，或在公园自行地来回走动。走路时，孩子会用充满好奇心的眼光看着四周的各种事物。看到小动物的话，就想去接近；站在店铺前面，伸长双手好像要去摸东西；总是很慢才走到目的地。由于一岁儿是以自己感兴趣的事物为最优先，还无法配合母亲或照顾者的节奏。散步虽然是种走路的练习，却也是满足宝宝好奇心的大好机会。大巴士、汪汪叫的狗、翩翩飞舞的蝴蝶这些大人看惯的东西，对孩子们来说全都是第一次遇见的新鲜事。所以，从孩子的观点来看，任何一样东西都很有趣，致使他们无法迅速地向前迈进。

一岁儿只要被某件东西吸引，就会急速往那个东西前进，眼睛只看得到引起他兴趣的东西，完全不顾四周和脚下是否有小石头或水沟。所以在一旁照顾的大人，必须事先知道散步的路线及公园中，哪里有些什么东西，哪里安全、哪里需要特别注意，并反复告诫孩子危险的场所和危险的事。

跑、跳的能力

到了一岁半左右，宝宝一旦能走得很好，就会出现跑和跳的动作。当大人追在后面说“等一等”、“鬼来了喔”等话时，孩子就会哇哇地叫着逃走。若有稍微年长的孩子在场，一岁儿总是会变成跟屁虫。另外，跑步也会使用在抢夺其他儿童东西，或不想让其他儿童把东西抢走的时候。

边走边跑能提高他们跑步的能力，也有助于宝宝学会在急速移动中取得平衡。可是，一岁儿不会紧急刹车，也不会迅速转换方向，却具备边跑边看旁边的特技。所以一旁照顾的大人，一定要确认孩子脚边有没有会绊倒的东西，或会不会撞到墙壁或其他孩子。等到他们可以走得很好而且也会跑的时候，就会很得意地爬上沙发，从沙发上跳下来，或者在沙发上蹦蹦跳跳。

当然，刚开始动作还不灵活，弹跳时双脚会离开原来的位置，常常是“咚”的一声屁股着地。这时，一岁儿会因为做新动作而很高兴，而对身旁大人嘻嘻笑，或是跳下来后自己拍手。无论如何，宝宝自己会重复练习新获得的能力，让它确实成为自己的东西。反过来说，我们大人的跑、跳能力，不也是从这么一而再，再而三地学会的。所以，陪着孩子重复练习，和他一起分享成功时的喜悦吧！

与孩子运动

爸爸把手腕放在孩子的腋下抱起来，原地转个1～2次。或是抓住并提高孩子的双脚，让孩子倒立。也可以把孩子高高举起，或者稍微放一下手，把孩子抛高。孩子们非常喜欢这种和大人互动的游戏。而且被动的运动对孩子也有着重要的意义，是与父母或照顾者建立亲密关系的好机会。而且，孩子也有机会体验自己无法做到的姿势及运动。这种经验将成为自发性运动的基础。例如，抓住孩子的双脚变成倒立的姿势，再让他回转一圈，在自己翻筋斗的时候会很有用。像这样经验过由大人协助去做自己无法做到的运动，日后在宝宝自己进行类似运动时就能很容易学会。

最重要的是，不要让孩子感到害怕。每个孩子的个性都不一样，有喜欢激烈运动方式的孩子，也有害怕得紧紧抱住大人哭的孩子。孩子感到害怕时，最好放慢动作，稳稳地抱住孩子的身体，不要过于勉强他。只要温和地带领动作，或者让他看其他孩子高兴的样子，不久孩子就会有“我也要”的要求。

用球玩游戏

球是孩子非常感兴趣的玩具。玩球时，宝宝可以体验到接、丢、踢、跑等各种运动。对于滚动的球，一岁九个月的幼儿只会用眼睛追着滚动的球看，满两岁后，才会配合时机让球停住，同时可以把球抓起来。丢球的动作，与其说是“掷”，不如说是放开手的状态，从一岁半到二岁左右，幼儿才会有单手过肩投球的动作。会踢球也是从一岁的后半期开始。比起巧妙地控球，一岁儿更喜欢拿着球和大人游戏。

重叠、排列

孩子到了一岁左右，变得比较会用手指抓小东西。可是，却比较不会把抓住的东西放下。外表有漂亮颜色的积木是容易引起孩子兴趣的东西，一岁左右的孩子虽然也会模仿大人堆积木，却无法堆得很好。虽然想在一个积木上放另一个积木，但是好好地放下积木的动作，却始终做不好。他们虽然了解积木与积木的关系，却不能巧妙地控制手指。所以，开始时一岁儿只会乱丢乱摔。但是，在反复破坏大人堆好的积木的过程中，渐渐地学会一边控制手中的积木，一边堆叠。

爸爸妈妈看到孩子在玩积木的过程中，不需要因为宝宝一直无法把积木叠好而气馁，让宝宝保持愉快的心情，自己从游戏中学习才是正确的态度，宝宝的成长不可能一步登天，爸爸妈妈要给予足够的耐心，并相信宝宝可以自己动手完成一些事情。

玩具和游戏可以帮助宝宝发展手部动作。

涂鸦

约从一岁起，一让孩子拿蜡笔或铅笔，孩子就会开始乱画。刚开始给孩子蜡笔，他们大多都会先把蜡笔放进口中。接着，就使用蜡笔或铅笔敲纸。然后，才会画出歪七扭八的线。到了一岁的后半期，由于宝宝手的动作已变得相当多样，开始会画一圈一圈的曲线。到了三岁左右，就能画出一个圆，或一边说着“这是妈妈”等，画出有眼睛和嘴巴的人脸。从动作方面来看画图的话，要注意孩子握蜡笔或铅笔的变化：

1. 拳握式——小指向下地握住铅笔（平均年龄为二岁三个月）。
2. 抓握式——手腕向内，也就是大拇指向下地握住铅笔（平均年龄为二岁九个月）。
3. 三指握笔法——用大拇指、食指、中指拿着铅笔，画图时手离开纸面，移动肘关节来画（平均年龄为三岁六个月）。

从宝宝的图画中，可以发现宝宝的内心世界。

4. 熟练的三指握笔法——用三指握笔，画的时候小指靠着纸张，运用手指肌肉来画，与大人的拿法一样（平均年龄为五岁八个月）。这里虽然表示出各种拿法的平均年龄，但是个体差异非常大。先不管一岁儿的握笔法是握拳式或抓握式，最好都别太在意，应该重视孩子想画图的意愿。

对安全的考量

一岁儿是小小探险家，而且是完全不考虑安全的探险家，他们对眼前的世界充满浓厚的兴趣，会主动接近各种场所，触摸或尝试各种事物。可是，步行时不但脚步不稳，连动作也不灵活。一旦对某样东西感兴趣，就算脚边有坑洞或后方有来车，也都不在乎，常常是想拿桌上的点心，而弄翻水壶。

一岁儿注意的焦点只有一件事，一发现有兴趣的东西，眼睛就不看其他的东西。比起婴儿期或两岁以后，这段时期可说是大人视线一刻也不能离开时期。要尽量将一些拿在手里或放到口中会有危险的东西，还有可能引起烫伤的东西，放到孩子手够不着的地方。

外出散步的时候，一定要先确认散步路线的特征。不只凡事要小心，也必须要告诉孩子危险的地方和不能做的事。像这样，充分考虑到安全以避免重大伤害之下，给予孩子充分运动的机会，既不会阻碍孩子运动的意愿，也能通过运动满足孩子对周围事物的好奇心。

此外，家中的插座最好可以装上防护措施，桌角、柜子角等尖锐的地方，也要套上防护套，以免宝宝奔跑时撞到，或是好奇心重去玩插座而被电到，这些小地方都要多多注意。

一岁宝宝的营养与饮食

在营养指导方面，这个时期比断奶期的问题更多样。请掌握一岁儿的特征，善加思考这个时期符合孩子营养需求的正确饮食。

促进发育莫忽略饮食

对孩子来说，满一岁是第一个独立的时期。之前对断奶期乳儿的营养及饮食百般关心的妈妈们，在迎接宝宝满周岁后大概会暂时松懈下来，但是在营养指导方面，这个时期比断奶期的问题更多样。请掌握一岁儿的特征，善加思考这个时期符合孩子营养需求的正确饮食。

婴儿期旺盛的身体发育到幼儿期时虽然变得略为缓和，但从一岁到两岁的这一年间，仍会有体重约3千克、身高约10厘米的成长，包括断奶后期陆续长出乳齿、头盖骨密合、骨骼成长等明显的发育。

为了促进这些发育，日常的饮食当然很重要。可是，在这个年龄，虽然慢慢能吃接近成人形态的饮食，但宝宝的消化器官尚未成熟，对细菌的抵抗力也较弱，所以调理方式及卫生方面需特别注意。

需要的营养与饮食的标准

首先，我们要确认一岁儿的发育与维持健康上所需要的营养素之种类与分量。所谓的营养需要量，指的就是我们在过健康生活及增进体能上需要营养素的摄取量，考虑到维持、增进健康上的个人需求量之差异后所制定而成的参考值。不过，实际上同性别、同年龄的孩子，就算不看体格，在食欲、游戏、睡眠及其他生活上也有极大的差异。因此，营养需要量对各个孩子来说并不是绝对性的数字，不需要过于拘泥数值，而是要考虑到孩子的体格、食欲等，采取适当的处理。

我们日常摄取的并不是营养素，而是包含各种比例营养素的食物。可是，每天食用的食物种类非常多，而且营养组成各不相同。因此，为了确保可满足营养需要量的饮食，就得正确掌握食物在营养上的特性，并且巧妙地组合摄取才行。从营养的观点，可将多数食物大致分成以下四大类：

❶第一类：蛋白质及矿物质——乳、蛋、鱼、肉、豆类及其制品。

❷第二类：维生素及矿物质——蔬菜、水果、海带等食物。

❸第三类：热量——以淀粉为主要成分的谷类及薯类等食物。

❹第四类：热量及脂溶性维生素的溶剂——油脂类及富含脂肪的食物。

早、中、晚餐均从这些食物群中组合1～2个种类的食物，拟定获得均衡营养的饮食计划，是首要之事。虽然这是孩子饮食的平均预估标准，但并不代表孩子一定只能吃这些。特别是主食要配合孩子的食欲，给予饱腹的程度，油脂类则应适量地使用在料理上。

点心的给予方式

我想许多母亲们也有小时候被点心围绕的甜美、快乐回忆。点心不只是补充孩子的营养所需，让活泼的幼儿在生活中休息、转换气氛，在和吃饭不同的无拘无束场合中，点心也扮演着各种角色。可是，孩子一吵闹就马上给他饼干或果汁，或是家庭成员不断地给予点心，或者哥哥、姐姐喂他自己喜欢的甜食等，这种错误的给予方式会妨碍到正常饮食，造成宝宝食欲减退、偏食、营养失调、正常饮食时间错乱等问题。

在母亲对幼儿饮食生活的困扰中，点心的问题总是排在前几名。一般认为从点心摄取的热量占所需热量的10%～15%最为适当。而一岁儿的所需热量为3864～4074千焦，所以点心的热量为420～588千焦。若希望一天给予400毫升左右的牛奶，其中一部分当做点心饮用时，牛奶可以适当地搭配水果或小饼干。如果给予150毫升左右的牛奶作为点心，则可搭配约210千焦热量的水果或饼干。水果能给予的热量相当大，而砂糖及脂肪含量多的蜂蜜蛋糕或鸡蛋糕，一点点的分量就能提供210千焦的热量。妈妈如果随便给予太多分量的点心，就会影响到宝宝正餐的食欲。

一天给予一次点心，最好固定时间，果汁也只在点心的时间给予。通常，三餐吃得很饱或运动量少的时候，并不一定需要点心。在这种情况下，为了休息和补充水分，给予果汁、水果或麦茶就足够了。点心的种类，以牛奶及乳制品、蛋、水果和蔬菜为主，甜食则选择清淡的东西。吃完点心之后，要注意让孩子饮用水、麦茶或茶来预防龋齿。

正确的饮食给予方式

满一岁的孩子开始显示出对食物的好奇心，而且，似乎也有想用自己的手来吃的欲望。其中之一的表现方式就是触摸餐具、拿取汤匙，开始会想用手或汤匙来搅拌餐具中的食物。孩子的这些动作在母亲的眼中看起来只是单纯的“好脏”、“没规矩”，其实是孩子表现出想自己吃、自己做的自立心。如果孩子开始表现出这种自立心，良好的培育可说是最初也是最重要的教养。如果因为“会掉满地”、“会弄脏”或者“太花时间”而不让他自己吃饭，等于是剥夺了孩子练习进食的机会。在吃饭前帮孩子把手擦干净，把一部分的食物整理成容易用手或叉子吃的形态，或者做好铺塑胶垫或报纸等的准备动作，就算食物掉满地也没关系。

到了一岁半时，多数的孩子都能使用汤匙，也会用双手拿着杯子喝牛奶或水。可是，这时候他们经常会打翻杯子、食物掉满地。还有，就算会使用汤匙也常会习惯用手抓食物吃。

针对个体差异的考量

在我们曾进行过的种种营养调查报告中，实际上，就算一天的营养摄取量在营养需求量以下，也有许多孩子能充分满足营养需求量，持续地发育。食物摄取的方式，在我们成人之间当然有个体差异，而孩子间的差异性更大。孩子的食欲有高低起伏，幼儿期中食欲旺盛的时期和食欲欠佳的时期，各个孩子也有所不同，而且，就算是同一个孩子，在各个季节、每天、每餐也有相当大的变动。其实，只要孩子维持在健康状态，就不必过于担心。

另外，睡眠时间、开始走路及运动量也有个体差异，所以饮食方式上的差异亦相当大。习惯用手抓食物吃的孩子、比较早会用汤匙的孩子，还有不太会用杯子喝东西却很会用吸管的孩子等，状态各不相同。不必因为自己的孩子比朋友的发育慢而强制性地教导，当周围的大人做出良好的示范，让孩子对大家的饮食行为萌生模仿之心时，他自然而然就能学会了。

一岁宝宝的饮食问题

1.暴饮暴食

满一岁后，孩子在用餐时会对周围的事物感兴趣，注意力容易分散，或者变得反复无常，有时会因为一些小事而耍赖不吃饭，有时候食量大到惊人。这种暴饮暴食，虽然被认为是在发育过程中产生的一种生理性现象，但是不规则的饮食及点心的给予方式，也常是原因之一。

为了避免宝宝暴饮暴食，必须让他养成规律的饮食习惯，但因为这个时期容易受到精神上的影响，所以父母应该充分理解此时期的孩子情绪经常不稳定，绝对不要强迫孩子吃饭。当其不想吃饭的时候，就把焦点从吃饭这件事上移开，通过散步或出游等来增加热量的消耗，让孩子产生饥饿感。

2.边吃边玩

当孩子可以自己走路，或者兴趣扩展到四周之后，在用餐途中一旦空腹感稍微解决，马上又想去玩。养成边吃边玩的坏习惯，是因为孩子明明不饿却想尽办法让他吃东西。

为了不让孩子离开餐桌，把孩子喜欢的玩具或洋娃娃等放在餐桌上，是母亲经常使用的方法，这反而使孩子无法区别吃饭与游戏，助长了边吃边玩的现象。我们还经常看到母亲手里拿着餐具，追在后面喂孩子的情景，这样反而像是鼓励孩子边吃边玩。所以，当孩子在用餐途中站起来走动，或在用餐中玩耍，都有必要加以禁止。一次的用餐时间最好以30分钟为限。

为了让孩子专注于饮食，应该限定用餐的地方，并让孩子坐在固定的位置上，要让他养成除了乖乖在自己的座位外，否则不要给予孩子饮食的习惯。此外，也不能忽略边吃边玩与电视的关系。常常看到母亲趁着孩子看电视时，用汤匙把食物放进孩子口中的情景。但是，孩子很难和大人一样，同时把注意力放在饮食和电视上。所以必须在用餐时间关掉电视，让孩子专注在饮食上。

⬆吃饭时，要让宝宝专注在用餐这件事情上面。

3.花很多时间吃饭

有的孩子明明没有在玩，吃饭却得花上一两个小时。这种现象虽然常见于母亲过度干涉的孩子身上，却也发生在母亲个性急躁而老是催促的情形，或是孩子将其作为引起母亲关心的手段。

此现象也发生在食欲不振及习惯边吃边玩的孩子身上。像这种情形，就算责备或催促也没办法立刻改正过来。首先，父母请试着反省自己在教养方式上是否有问题，以及日常对待孩子的方式，是点心给得太多还是孩子食欲不振，试着去探讨其中真正原因。其次，将用餐时间限定在30分钟以内，就算用餐量少，在下次的用餐时间前也不要给予饮食或点心。

4.不咀嚼的孩子

50%左右在一岁时可以给予普通调理形态的饮食，到一岁半时几乎达到80%的比率。其中咀嚼能力有极大的个体差异，为了增强咀嚼能力，在学习效果上有一定的感受期，大致是从一岁半到将近两岁之间。

咀嚼不仅是用牙齿充分咬碎食物使其容易吞咽，更有助于食物在肠胃中混合胃液促进肠内的消化。而且，充分咀嚼能刺激脑部，促进脑部活动。此时期的孩子们喜欢的点心大多是柔软的食物，而且，家庭的饮食习惯也倾向于频繁使用现成食品或速食食品等已经调理完成的市售食品，这些食品大多柔软而易于吞食，不太需要咀嚼。习惯这种饮食生活的结果是，容易造成孩子们的下巴弱小化、齿列不正及牙齿并排情况增多，和龋齿的发生也有明显的关系。

刷牙的必要性

饮食机能的发展中，最基本的是保持口腔的清洁。一岁时会陆续长出牙齿，口中的形态变化非常大。管理变化中的口腔清洁，将会促进机能发展。因为多数的饮食机能，会将各种餐具接触过的食物放入口中。有冷的、热的、硬的、大的、泥状或沙状等食物，味道也各不相同。通过将这些食物放入口中产生的各种感觉，引发出唇舌及下巴该如何动作来进食。所以，口腔清洁可以使孩子容易接触到各种感觉，进而促进对应这些感觉的细微高度机能之发展。

满一岁后开始有各种食物进入口中，而且牙齿增多也很容易藏污纳垢。所以不论从预防龋齿等疾病方面，或促进饮食机能发展来看，养成正确的刷牙习惯是非常重要的。一岁儿开始刷牙的时机是在长出门牙而尚未长出臼齿时，当妈妈或兄姐刷牙时请让他一起玩，几次后，孩子自然会想模仿而想要把牙刷挂口中。这时候，不要太用力帮他刷牙，而是要像游戏般地帮他轻刷门牙，让他逐渐习惯，更不要强迫性地把牙刷塞进孩子口中。

因为牙刷的刺激对口腔来说是相当强烈的，必须要练习几个月才能让孩子渐渐习惯。然后到一岁半左右，如果长出臼齿，就先试着帮他刷臼齿，不要太勉强，让他逐渐养成刷牙的习惯。因为臼齿容易藏污纳垢而容易造成龋齿，经常刷牙既可保持口腔的清洁，还能让孩子记住饮食的快乐和饮食后口腔清洁的重要性，这可以说是一岁到两岁间的必经过程。

适合：1 岁以上的宝宝

面包条

材料

吐司 4 片
鸡蛋 1 个

做法

1 鸡蛋打散，搅成蛋液。
2 将吐司切成细长条状，裹上蛋液，放入烤箱内，烤熟即完成。

适合：1 岁以上的宝宝

红枣泥

材料

红枣 20 克

做法

1 将红枣洗净，放入锅中，加适量水，煮 15 ~ 20 分钟。
2 煮至红枣熟烂，再去皮、去核，拌成泥状即可。

适合：1 岁以上的宝宝

板栗黑豆粥

材料

泡好的白米 15 克
板栗 3 颗
黑豆 5 颗
胡萝卜 5 克
上海青 10 克
高汤 90 毫升

做法

1 白米、板栗和黑豆洗净，磨碎；胡萝卜洗净，去皮后磨碎；上海青洗净，磨碎。

2 锅中放入白米、板栗和黑豆，加入高汤熬煮成米粥，再加入胡萝卜、上海青煮熟即可。

适合：1 岁以上的宝宝

苹果布丁

材料

蛋黄 1 个
苹果 20 克
菠萝 15 克
配方奶粉 5 克

做法

1 苹果洗净，去皮、去果核后磨成泥；菠萝洗净，去皮后磨碎。

2 蛋黄打散，加入奶粉拌匀，再加入苹果和菠萝搅匀，以小火蒸熟即可。

适合：1 岁以上的宝宝

芋头玉米泥

材料

芋头 25 克
玉米粒 25 克

做法

1 芋头去皮、洗净，切成块状，放入电锅中蒸熟；玉米粒洗净，煮熟后放入搅拌机中，搅打成玉米蓉。

2 用汤匙背面将蒸熟的芋头块压成泥状，再加入玉米蓉拌匀即可。

适合：1 岁以上的宝宝

牛奶薄饼

材料

低筋面粉 50 克
牛奶（配方奶）90 毫升
鸡蛋 1 个
食用油适量
奶油适量

做法

1 将鸡蛋打散，加入低筋面粉和一半的牛奶搅拌均匀，再加入油与另一半的牛奶拌匀成面糊，放入冰箱冷藏一晚。

2 平底锅抹上奶油，加热后舀入适量面糊，煎至两面金黄时盛出，依法将剩余面糊煎完即可。

适合：1 岁以上的宝宝

南瓜面线

材料

面线 50 克
南瓜 20 克
高汤适量

做法

1 南瓜洗净，去皮、去籽后切丁，蒸熟。

2 滚水中放入面线煮至软烂，捞出后剪成小段。

3 锅中放入南瓜和高汤，煮滚后加入面线拌匀，再次煮滚后即完成。

适合：1 岁以上的宝宝

玉米芝士饭

材料

白米饭 40 克
玉米粒 15 克
豌豆 5 颗
上海青 20 克
芝士 1/2 片
食用油适量

做法

1 玉米粒、豌豆、上海青分别洗净，焯烫后剁碎；芝士切碎。

2 锅中放少许油烧热，加入玉米粒、豌豆、上海青炒熟后，再加入白米饭和适量水煮滚，最后加入芝士拌匀即可。

适合：1 岁以上的宝宝

香菇菠菜面

材料

鸡蛋面条 50 克
菠菜 20 克
干香菇 5 克
木耳 5 克
鸡肉高汤 100 毫升

做法

1 面条切小段；菠菜洗净，烫熟后剁碎；香菇、木耳泡发，洗净后剁碎。

2 锅中加入鸡肉高汤煮滚后，放入所有食材煮至熟软即可。

适合：1 岁以上的宝宝

虾仁海带汤

材料

虾仁 5 只
浸泡过的
海带 10 克
洋葱 30 克
高汤 170 毫升
食用油适量

做法

1 海带洗净后，切小丁；虾仁去肠泥，洗净后剁碎；洋葱洗净、去皮，剁碎。

2 锅中加少许油烧热，放入海带、虾仁、洋葱炒熟，再加入高汤煮滚即可。

适合：1 岁以上的宝宝

茄子野菜拌饭

材料

白米饭 50 克
茄子 20 克
菠菜 20 克
绿豆芽 10 克
海苔 1/2 张
盐少许

做法

1 所有蔬菜洗净，切成小丁，放入滚水中，加少许盐煮熟；海苔烤过后切碎。
2 白米饭中放入煮熟的蔬菜拌匀，最后撒上海苔即可。

适合：1 岁以上的宝宝

鱼肉拌茄泥

材料

茄子 1/2 条
鱼肉 30 克
盐少许

做法

1 茄子洗净，蒸至熟软，压成泥。
2 鱼肉洗净，蒸熟后去刺，切小丁。
3 将茄泥与鱼肉混匀，加入盐，拌匀即可。

适合：1 岁以上的宝宝

南瓜煎果饼

材料

白米饭 40 克
南瓜 30 克
磨碎的黑芝麻 15 克
核桃 15 克
杏仁 15 克
面粉 30 克
鸡蛋 1/3 个

做法

1 南瓜蒸熟后切成 1 厘米大小；鸡蛋打散。

2 白米饭中加入南瓜、黑芝麻、核桃、杏仁混合均匀，压成星星形状，外层先裹上蛋液，再裹上面粉，煎熟即可。

适合：1 岁以上的宝宝

蘑菇蒸牛肉

材料

牛肉 30 克
蘑菇 20 克
洋葱 20 克
鸡蛋 1/2 个
面包粉少许
洋葱汁 5 毫升

做法

1 牛肉、蘑菇、洋葱洗净，分别处理后切碎。

2 鸡蛋打散，加入所有切碎的食材、洋葱汁、面包粉搅拌均匀，整成圆球状，放入蒸锅中，蒸熟即可。

适合：1 岁以上的宝宝

海带蔬菜饭

材料

白米饭 50 克
白萝卜 20 克
胡萝卜 10 克
海带 5 克
红甜椒 5 克
水淀粉 2 毫升
高汤 45 毫升
食用油适量

做法

1 白萝卜、胡萝卜、海带、红甜椒洗净，分别处理后切碎。

2 锅中放少许油烧热，加入所有切碎的食材炒至熟软，再加入白米饭和高汤煮滚，起锅前用水淀粉勾芡即完成。

适合：1 岁以上的宝宝

鸡蛋芝士三明治

材料

吐司 1 片
洋葱 5 克
胡萝卜 5 克
鸡蛋 1/2 个
配方奶粉 30 克
芝士 1/2 片

做法

1 吐司去边，切成适口大小；洋葱、胡萝卜分别洗净、去皮，煮熟后切碎；鸡蛋煮熟后，切碎；芝士切碎；奶粉加水调成奶浆。

2 将所有切碎的食材与奶浆混合均匀，再用吐司包起来即可。

适合：1 岁以上的宝宝

三色饭团

材料

白米饭 40 克
菠菜 10 克
胡萝卜 10 克
熟蛋黄碎末 10 克
盐少许

做法

1 菠菜、胡萝卜洗净，处理后烫熟，再切末。

2 白米饭加入盐拌匀，把拌好白米饭分成 3 等份，揉成小饭团，分别在菠菜末、胡萝卜末和蛋黄末中滚几下，直到外层均匀裹上碎末即可。

适合：1 岁以上的宝宝

鳕鱼土豆汤

材料

鳕鱼肉 30 克
土豆 30 克
胡萝卜 10 克
豌豆 5 颗
海带高汤 120 毫升

做法

1 土豆、胡萝卜、鳕鱼肉洗净，分别处理后切丁。

2 锅中放入海带高汤煮滚后，加入切丁的食材和豌豆，煮至熟软即可。

适合：1 岁以上的宝宝

糯米红薯粥

材料

泡好的糯米 20 克
红豆 10 克
板栗 1 个
红薯 20 克

做法

1 糯米磨碎；红豆洗净，煮熟后磨碎，用筛网过滤；板栗和红薯洗净，煮熟后去皮，切成 5 毫米大小。

2 锅中放入所有食材，加适量水煮熟即可。

适合：1 岁以上的宝宝

莲藕丸子汤

材料

莲藕 30 克
虾粉 30 克
水淀粉 15 克
海带高汤 180 毫升

做法

1 莲藕洗净、去皮，磨成糊状，加入虾粉和水淀粉，搅拌到有黏性为止，再揉成一口大小的丸子状。

2 锅中加入海带高汤煮滚后，放入莲藕丸子煮熟即可。

适合：1 岁以上的宝宝

嫩豆腐稀饭

材料

白米饭 40 克
嫩豆腐 20 克
菠菜 10 克
秀珍菇 10 克
黄豆粉 15 克
高汤 90 毫升

做法

1 嫩豆腐、菠菜、秀珍菇洗净，分别处理后切碎。

2 锅中放入高汤和黄豆粉煮滚，再放进嫩豆腐和菠菜、秀珍菇煮熟，最后加入白米饭拌匀即可。

适合：1 岁以上的宝宝

综合蒸蛋

扫一扫！

材料

蛋黄 1 个
鸡胸肉 20 克
菠菜 10 克
高汤适量

做法

1 菠菜洗净，去除硬梗后，切碎末；鸡胸肉洗净、去皮，切碎。

2 蛋黄打散，加入高汤拌匀，再加入菠菜和鸡胸肉拌匀，放入蒸锅中蒸 15 分钟即可。

适合：1 岁以上的宝宝

蔬菜鸡肉羹

扫一扫!

材料

鸡胸肉 50 克
豆腐 10 克
南瓜 20 克
洋葱 10 克
高汤适量

做法

1 鸡胸肉洗净，切小丁；豆腐洗净，压碎；南瓜洗净，去皮和籽，切小丁；洋葱洗净、去皮，切小丁。

2 锅中放入高汤煮滚后，加入所有食材煮至熟软即可。

适合：1 岁以上的宝宝

鱼蛋饼

扫一扫!

材料

鲜鱼 200 克
鸡蛋 1 个
葱末适量
番茄酱适量
食用油适量

做法

1 鲜鱼洗净，烫熟后去皮和刺，压碎；鸡蛋打散，加入鱼肉、葱末搅拌均匀成馅。

2 热油锅，将鱼蛋馅做成数颗小圆饼状，放入锅中炸至表面金黄，起锅后淋上番茄酱即可。

Part 4
一岁宝宝的教养

一岁宝宝开始有自我主张，个性较为明显。可以走路移动到自己想要去的地方，对于自立的生活来说确实具有很大的意义。也就是说，从以往完全依赖大人给予东西的生活，转变成自己要求自己行动的生活，并通过自己的意志去扩展行动的范围。通过与大人间一对一的接触，渐渐稳定情绪，而变得可以个别地和他们说话，或一边帮忙一边给予协助。一对一的接触，可以让照顾者了解孩子的内心世界，让孩子确认大人的爱，也是建立亲子心灵相通的重要机会。

一岁宝宝的智力发展

一岁儿是从婴儿智力转变成幼儿智力的时期。使用感觉与运动从具体性的相关人物及事务的经验基础，变得能使用象征及印象，一边享受象征的体验一边游戏，这会让孩子的印象更丰富，也会更容易了解。

智力的转变期

一岁这个年龄，从智力发展的过程来看，可看成是从婴儿智力到幼儿智力的转变期。他们所显现出的行动，就像使用语言及模拟游戏一样，会使用象征代表某种东西的语言，而且也会使用道具。

象征及印象的使用，是通过零岁儿使用感觉与运动的经验，具体性地了解实际的物品。而一岁儿则能借助象征及印象之力表现这些具体物品。此外，道具的使用显示出孩子思考过各种解决问题的方法，才想到要使用道具。换句话说，这个举动代表思考的开始。

语言的出现

语言在宝宝一岁生日的前后就会开始出现。变得能理解“妈妈”、“爸爸”、“汪汪”、“喵喵”等含意。除了这些词汇以外，也能说出“痛”或“在”、“来”等不是名词的字。到了一岁半左右，就能将名词和这些词汇组合在一起，而说出“妈妈在”、“车车来”等的双词句。

虽然是这样的语言，却可以代表实际的东西。例如“汪汪”这个词汇就代表狗，“喵喵”则是代表猫。孩子虽然说出“汪汪”，却知道这个字代表狗。像这样代表某种东西、代替某种东西就称为象征。一岁儿就像说话一样，会使用象征。

象征游戏的开始

孩子通过婴儿期与物品间的关系，知道那个物品是什么样的东西，以及该如何使用那个物品。例如，知道汽车是交通工具，会“bubu”地跑。还有，玩具车是真的汽车的缩小版，一推玩具车就会跑。一岁前半期，主要是配合物品的构造及用途玩耍。可是，在汽车的游戏中，孩子看起来像是一边说着“bubu”，一边回想起星期天和爸爸去兜风的样子。这时，孩子心中存在着印象（心象），而且游戏时也会附加孩子兜风时的体验印象。

到了一岁半左右，孩子会更加积极地使用这种印象，把印象加在完全不同的物品上。例如，在积木上附加汽车的印象，把积木当成汽车“bubu”地推着走。因为这些游戏是把积木当做汽车，可说正在使用象征来游戏。所以，这种游戏被称为象征游戏。这些印象的附加及象征游戏，可说是显示孩子智力发展的重要依据。

从即时模仿到延迟模仿

婴儿在出生后快满一岁的时候，会常常模仿母亲或照顾者的声音和动作。这时，借由模仿超乎婴儿能力所及的声音和动作，会随着模仿记住更多的声音和动作。

过了一岁的生日，一旦宝宝学会走路后，受到发达的运动能力的支持，模仿的动作也会变得更多。母亲用吸尘器时，孩子也会想一起使用吸尘器；看到母亲在讲电话，自己也想拿起电话筒。虽然模仿变得多样化，但还是局限在母亲或照顾者当场正在进行的行动。这种模仿是当场模仿也就是即时模仿。

不过，到了一岁半左右，就会看到孩子想起母亲或照顾者曾做过的动作，再之后重现一次的模仿。把电话筒对着耳朵，嘴里“嗯、嗯”地喃喃自语，或是面对化妆台，把母亲忘记收起来的口红涂在嘴唇上等。这种经过一段时间后的模仿，被称为延迟模仿。这种延迟模仿，具有显示孩子智力发展的意义。孩子会记住之前其他人行动时的动作，等到想起时再加以重现。

进行模仿的时候，脑中会浮现那个人的印象。换句话说，在这种延迟模仿中，包含留在记忆里、记忆的保持(印象的保持)、重现(表现出印象)等智力发展的要素。这些要素，会在三四岁后看到，也是想起之前的经验，或用画图来表现的共通要素。延迟模仿的出现在现阶段可说尚未成熟，却能显示出孩子具备印象的表现能力。

假装的行为

模拟游戏及延迟模仿的出现，与使用象征及印象能力的发达有关。这种使用象征及印象的能力，虽然在一岁半左右出现，但前兆性的行动却在刚满一岁前后即可看到。例如，闭眼睛侧躺着假装睡觉也是其中一个例子。假装睡觉被识破而让母亲觉得好笑时，也会睁开眼睛“呵呵呵”地笑。这是因为一岁儿想起自己睡觉的样子，能够自己加以重现。

在自己假装的行为、重视自己的行动这点上，就象征的使用及印象的表现来看，可说模拟游戏及延迟模仿尚未成熟。但值得注意的是，这是显示使用象征及印象能力出现的征兆。这种假装的行为，也会逐渐扩展到模仿周围的人。这就是前述所说的延迟模仿。

感觉的共有

孩子的语言、模拟游戏、延迟模仿、假装，都是孩子表现自己印象中事务的活动。这些印象表现行为，可说是多半是以自己为中心。例如，模拟游戏中，孩子擅自将汽车的印象附加在积木或箱子上，到底是在表现什么，如果不问孩子就不能了解。另外，孩子会“啊——啊”地站直身体，“咚咚”地搥着腰部，不知道是在模仿奶奶还是妈妈。孩子“嘎嘎”地乱叫，不知道是模仿鸭子还是车子倒车的情形。

当周围的人想了解而问到：“你在做什么？”“这是什么？”宝宝会回答“啊，我在玩汽车”，好让他们了解。或者问“哎呀，那是在模仿奶奶吧”、“嘎嘎叫的是鸭子吧”。像这样了解孩子表现出来的印象，同时建立你和宝宝共有的印象。有了这些共有印象为基础，平常和孩子在一起的时间比较长的母亲或照顾者，马上就能了解孩子想表现的东西。相对地，比较少在一起的父亲，就会问：“你在做什么？”“你在说什么？”这时候就需要母亲在一旁解说。

这些共有的印象，是在孩子玩模仿游戏或用语言进行沟通时，渐渐建立起来的。孩子通过与身边的人共有印象的体验，逐渐变得能一点点地用比较容易的形式表达自己心中的印象。母亲和照顾者应该多多参与孩子的活动，一起玩模拟游戏，体验印象的共有感。

思考——道具的发现

孩子出生后一年，在理解物与物的关系、孩子的行动与结果的关系后，为了达成某个目的，从自己行动所及的范围中，发展出能选择适当行动而加以实行的能力。甚至于到了一岁以后，孩子为了取得想要的东西，会想出各式各样的方法。例如，当桌子上摆着点心，从这边伸手拿不到的时候，就会绕到桌子的对面，从比较近的地方拿。这种绕道的行为，在宝宝满一岁左右可看到。

可是，如果绕到对面也拿不到的话又该怎么办呢？这个时候你会发现宝宝会有拉扯铺在桌面的桌巾，让点心接近自己手边的行动。或者，如果点心的袋子上有绳子，也会看到孩子拉着绳子让点心靠近自己。这些是出现在一岁到一岁半之间的行为。

但是，没有桌巾或绳子的时候怎么办呢？这时，他们会搬来箱子或椅子，把它当做踏脚台踩上去拿桌上的东西，或者拿着游戏用的玩具刀，把桌上的东西拨到手边。这种用道具的行为，可以在一岁半以后看到。这里举出的行为共通点就是为了达到目的，在各种错误尝试中思考自己的行动。但是，这些行动在发展的时候有几分差异。拉扯桌巾及绳子的方法，是用道具（桌巾或绳子）让想拿的目的物接近自己；相对地，踏脚台或椅子的使用方法，在使用与目的物完全不一样的东西这点，则需要更高一等级的发展。也就是说，需要在脑中连结关联性的作业。

到了一岁半左右，喜欢玩弄开关，捉着拉绳点亮电灯，或打开电视机、录影机的开关，在进行这种顽皮行为的同时，也能逐渐理解道具介于自己的行动与目的物之间的关系。

搜寻——推理能力的发达

从孩子找看不到的东西、东西不见后的搜寻方式，可以看出孩子智力的发展。宝宝在刚出生的第一年后半期开始理解到，就算看不到的东西也仍旧存在，换句话说，也就是能够理解物品的永续性。然而，在这个时期，拿走孩子正在玩的小玩具，先藏在右手，接着，在孩子的眼前把玩具移到左手藏起来后，再双手握拳伸到孩子前面，试着让孩子去找。虽然孩子刚开始也是不以为意，但还是会朝右手寻找。也就是说，从最初看不到玩具的地方开始寻找。会朝左手寻找是满一岁以后的事。

弹珠滚到桌子下面，然后从另外一边滚出来，这时会一直注视着弹珠的移动，而到弹珠停止的地方寻找的是一岁儿。接着，随着月龄的增加，搜寻能力将更加发达。把孩子喜欢的某样玩具先藏在右手，接着，将右手放到坐垫下，把玩具藏在坐垫下，然后握着拳头伸出手来。这时，孩子会先在右手中寻找，一知道不在右手时，就立刻在坐垫下寻找。这时，孩子虽然看不到坐垫下面，却能推理出玩具大概会藏在哪里。换句话说，这件事表示孩子能推理东西在看不到的地方移动的能力。这个能力约从一岁半左右会开始出现。

在游戏时我们可以看到下述的状况，弹珠滚到看不见的地方时，孩子会寻找最初不见的地方，那里也没有的话，就会到附近的地方寻找。这里所说的搜寻能力，是通过发现寻找物品的经验，以及记住双亲帮忙寻找物品时的做法等所发展而成的。

一岁宝宝的语言发展

为了丰富孩子的语言，大人也要用心提升语感。并且注意表情及动作，想办法让孩子理解语言，让自己成为培育孩子语言的良好示范。

孩子的第一句话

孩子满一岁的前后，对双亲来说是最喜悦的时期。因为孩子说出的第一句话大概都是在这个时期。而且，说出第一句话的同时，孩子也开始可以站立行走。说话和用两只脚走路，是人类一种极大的特征。人类被称为是“生理性早产”的动物，从出生后大概要受到双亲一年的保护，借由大人的养育及照料而首次出现人类的特征，也就是语言及步行。对于家有满一岁孩子的双亲来说，此时当然是最快乐的时期。

但是，一岁儿的语言到底是什么样的状态呢？日本学者大久保爱女士将孩子从诞生到进入小学之间的语言发展，依特征分为十个阶段，各个时期分别显示出发育的特征。因为孩子的成长有个体差异，所以仅提供各位参考。在此种标准之下，将一岁前后定为“单词句的时期”，一岁半前后定为“双词句出现的时期”。

单词句的特征

“单词句”这种听不习惯的用语，具体来说就像是用“啊啊”表示食物，用“妈妈”表示母亲，用“bubu”表示汽车等，某个特定的发音，就像是一个单字一样，具有某种程度的确定意义。主要指的是孩子的说话中，包含大人第一次说的话和叫的东西名称。

这时的发音和意义间的关联，就像“啊啊”表示食物一样，此种语言大致上和孩子说的话有共通性，例如以“bubu”的情况来说，对某个孩子来说也许是汽车，对另一个孩子来说可能是别的东西，二者都有一些共通性存在。可是，并不只能在那个孩子看到独特的关联，幼儿的语言中也有其他类似的关联，最初的语言就是单词句。

依孩子说话的状况不同，而有不一样的使用方式。例如“啊啊”虽然是表示食物的名词，偶尔也代表“食物在哪里”或像“我想吃东西”一样被用来当动词使用，也有代表“这是食物”的时候。孩子使用的语言和大人不同，因此，孩子用一个字表现大人用一段文句表现的事，就是单词句。

单词是“句子”吗？

“啊啊”及“bubu”这种孩子的语言一般称为“单词句”。可是，单词句能不能算是“句子”呢，从20世纪初期就开始有争论。将单词句视为“句子”的人，是因为例如孩子发出“啊啊”的一个字，具有像大人用“我想吃些东西”的“句子”表现功能。相对地，如果单词句算是“句子”的话，那么拍手也具有“那个很棒”的意思，而变成“句子”。这却又过度扩大“句子”的意义了。

不过，相对地也有人保持着并未天生具有语言文句构造学习装置，而是在单词句的阶段，为了获得句子构造而使得认知发达的看法。抱持这种看法的话，单词句就不能算是“句子”。换句话说，争论的焦点从该如何考量“句子”，转变到孩子如何获得“句子”，以及与生俱来到何种程度上。

可是，不管单词句能不能算是“句子”，孩子被称为单词句的话语，同样也具有传达给大人超乎一个字以外的各种事项之功能。从孩子说话当时的状况及语调，读取单词句想传达些什么，可以说是最重要的事。某位学者将单词句的功能分类如下：

1. 物品的命名：看着汽车说“车车”
2. 行为的命名：“睡觉觉”
3. 命令、要求：看到牛奶说“喝喝”（给我牛奶）
4. 叫人：（对着母亲）说“妈妈”
5. 指示：（指着东西）说“这个”
6. 回答：（对大人的问题及行为）“好”、“不好”、“嗯”
7. 疑问：（指着某个东西）“咦”
8. 感动的东西：“啊”、“哇”

孩子的单词句，虽然是一个字却能传达出超过一个字以上的各种意思；反过来说，处在聆听孩子单词句立场的大人，必须通过当时状况及孩子的表情，去了解超乎一个单字以外的事。例如，“啊啊”的孩子语言，不能只当做“食物”来了解，而必须了解孩子想说的是“喂我吃这个点心”。然后，这个时候要用大人的语言对孩子说“哦，你想吃这个点心吧”确实地回应孩子的心情。像这样，大人能了解孩子想表达的事，并将自己所想的事用语言回答孩子，这就成了宝宝学习将自己想表达的事用更接近大人的语言表现的机会。

这时的语言对孩子来说，具有给予被了解的安全感。其实身为单词句聆听对象的大人，他的接受方式及用语言回应孩子的做法，会从宝宝开始说第一句话前的零岁儿时期就一直持续。零岁儿时期，回应孩子的哭声说：“肚子饿了想喝奶吧？”追随孩子的视线，看着孩子张开双手面对着的地方说：“啊，是汪汪耶，你想要汪汪的狗狗吧！”处于单词期的阶段，宝宝特别需要大人帮忙说出想说的话。因此，父母应观察孩子的动作及视线的动向等情况，找出最吻合孩子心情的字句，努力回应。

从单词句到双词句的时期

从会说单词句的后半年左右，宝宝便会开始说双词句。所以，两岁时会说单词句的孩子，就像大久保爱女士所说，这是因为从半年左右的单词期反复表现中，逐渐出现双词句。最初的双词句，可说是从重复说两次单词句开始的。例如“啊啊、啊啊”，重复说同样的单词句。这时，因为孩子也是第一次重复说两次，两个断句一次的语调就是主要特征。例如，表示“不见了”、“糟糕了”等，就会重复“没有”而变成“没有、没有”，最初的“没有”和后面的“没有”用不同的语调说出，使得两个字听起来像一句话。在这个时期，身为回答者的大人，要照孩子的节奏来回答也很重要。

能重复说出单词句后，出现“脏脏、拜拜”（脏了所以丢掉）、“爸爸、公司”（爸爸到公司去了）、“抱抱、抱抱”（抱我）等，可说姑且有句子形式的两个单字组合。例如，代入“抱”和“站”的话，就变成“抱起来”、“站起来”。而“抱”和“起来”这种组合用专有名词来说就叫做造句法。

所以，姑且称之为“句子”的形式，也可以认定这种词类变化关系与造句法关系的分化。因为这些理由，单纯只是重复一语文的阶段称为“二语说话”，而和“爸爸、公司”这种一开始称为“双词句”的形式有所区别。原因是单词句用一个字表示整个内容，就算重复两次，也不认定词类变化关系与造句法关系的分化。因为这种双词句，也可说是句子的原型，会说双词句后，很快就能说三语文或更多字的多语文。

但是，考虑到从双词句发展到三语文、多语文的程序，大人该如何回答孩子的双词句才好呢？大致来说，对于孩子所说的双词句，补充一点字汇回答孩子的动作是很重要的。例如对孩子所说的“爸爸、公司”，就回答说“对啊，爸爸去公司咯。跟你说过拜拜就走咯！”用稍微扩充过的句子回答孩子，孩子也会抓住特征性的地方，试着说出“爸爸去公司”、“拜拜”等句子构造更长的话。这样，孩子的语言世界就会从三语文往多语文发展。

会说双词句后，就能轻易地代入词汇。所以，偶尔利用玩偶等玩具，试着积极地创造出用词汇游戏的环境。例如，一边说着“熊熊、没有”、“bubu、没有”一边把玩具藏起来，或者相反地一边说“熊熊、哇”、“bubu、哇”一边一个个拿出来等。最后也可以加入一点幽默感地说“妈妈也没有”、“妈妈也哇”等。为了培养孩子的语言，不只要巧妙地回答孩子所说的话，也要试着积极准备使用词汇和孩子一起游戏的环境。

会说最初的语言（单词句），然后出现双词句这种句子的原型。孩子的语言，大概在一岁儿的时期会面临两个重大的发展关键。为了掌握这个发展关键，侧耳聆听孩子的话，选择适合的话回答孩子，是非常重要的。

把眼光放在语言外的世界

前文主要探讨的是一岁儿语言发展的特征。然后，从这些发展的特征中，考虑到大人该如何和孩子的语言有所关联。因此，接下来为了更加扩展孩子的语言世界，笔者想试着从更宽阔的观点来思考父母能做些什么事。

虽然脑中很清楚孩子的发展尚处于未分化的阶段，但是一谈到语言，总是只注意到孩子能不能说话，或者想办法训练孩子说更多、更复杂的话。不过，这个阶段孩子的发展和生活的扩展、身体活动的扩展、语言的扩展，都有密切的关系。所以，大人不应只执着在孩子说过什么话上，反而应将眼光放在语言以外的世界，如此才能扩展孩子的语言世界。

自觉性地思考有关自己的词汇很难，回想自己的表情及动作更难。零岁儿到一岁儿间语言变丰富的同时，借由其他方式的传达行为也逐渐增多。这个实验结果，可以说是充分观察理解孩子表情及动作的重要依据。而且，也让我们了解到大人的微笑等表情，以及通过手或全身动作的肢体语言也非常重要。

若一岁儿一直只有母子（女）间的对话，是无法正常地扩展人际关系的。所谓的语言，开始于特定的最亲近者之间，一点一滴地和他人建立关系，最后连完全不认识的人也能交谈。在这个基础上，即使没有语言的交流，也能顺利地扩展人际关系。从朋友间的肢体接触中，或许会产生孩子们的语言也说不定。从彼此交换物品的事件中，也有可能会产生大人们的语言。在日常发生的事件中听到大人间的这种对话，就会成为将来孩子间对话的基础。

什么是母亲的语言？

幼儿园的保姆，在从事照顾的工作时，会记录自己一天的照顾事项。在观看这些纪录时，有时会对自己当时的遣词用句如此粗暴而吃惊。对于一岁的幼儿来说，语言的世界和周遭大人的语言有很深的关系。的确，太过客套的语言会给人一种冷淡的感觉。因为亲子是最亲近的关系，所以用自己平常使用的话即可。但是，有时候也有必要反省，说的话是否太过粗暴，或习惯用命令的语气说话等。在国外的保姆培育所中，有的培育所会训练保姆找出自己最优美的声音、最优美的词句。根据某项研究显示，一般母亲对孩子说话的时候，似乎有稍微提高声调的倾向。这大概是在无意识之下，想让孩子容易听懂，而不自觉地提高声音的缘故。但是，如果大人也能用心注意提升语感的话，一定能让孩子的语言更加丰富。

另外，一岁儿不只是听大人所说的话，也会仔细盯着大人的嘴形看。所以，在口中嘟嘟囔囔的说话方式，对于想从大人的嘴形学习新词汇的孩子来说，是十分困难的。所以在和孩子说话时，必须清楚地让孩子看到嘴形，慢慢地和孩子说话。不必只专注于语言来考量。例如，唱童谣和儿歌等给孩子听也是一种方式。因为歌中一定会有词汇（歌词），自然地就会特别注意到嘴形和声调的表现方式。此外，最重要的是可以重复唱一样的歌给孩子听，让孩子容易记住。即使孩子不可能照着旋律唱歌，也是让孩子从优美的歌声中接触词汇的机会，不妨经常唱歌给孩子听。

让孩子接触真的东西吧

满一岁后的宝宝，不仅会自己坐得很稳，也会变得能站立和行走。而且，因为双手不必扶着东西，所以不管看到什么东西都想摸一下。换句话说，这个阶段的宝宝最难照顾，顽皮得很。可是这种什么东西都想摸一下确定的行为，其实是扩展语言世界最基本的行为。

一谈到语言，会不会说话虽然常成为父母关注的焦点，但一岁儿还不是能说抽象性词汇的阶段。不管是“啊啊”或“爸爸、公司”，都是和现在眼前的状况，或者每天生活中的体验有深厚关系的词汇。例如，对某个孩子来说，“汪汪”也有包括狗、猫、马等所有四只脚动物在内的时候。不过，对另一个孩子来说，也有只称呼自己的狗玩具为“汪汪”的情形。这些使用方式被称为“扩张性的使用”、“缩小性的使用”，被视为是幼儿语言的一般性特征。当这些孩子碰到真正的狗或摸到猫时，也是发现“汪汪”和“喵喵”不同的机会，他们会发现同样的“汪汪”有活生生会动的“汪汪”，也有玩偶型的两种。另外，遇到自己不能用语言表达的东西，就会进入下一个重复询问“这个、什么”、“那个、什么”的阶段。

现在的孩子大多住在高楼大厦里，很少接触泥巴的黏稠触感，以及真正的花草树木。所以，只能从电视或书本等记住词汇。即使孩子会说出很多词汇，但是如果不能学会将自己的体验及实际感觉和语言结合在一起，就不算是真正表达自己及自己思考、感觉到的语言。记得常常带孩子到户外，让他接触到真正的大自然。

一岁宝宝的表达能力

从一岁到两岁约一年的时间，逐渐成长到用自己的意思传达给对方，表现自己想法的状态。但也别忘记这种表现的发展也有个体差异。

一岁儿的好奇心

每一个幼小的孩子都充满了好奇心，对任何事物都很感兴趣，也想用自己的感觉确定所触碰的到底是什么东西。探索事物是宝宝智能萌芽的象征，一岁前后开始变得明显。这种探索的兴趣，不只对假定的对象，对偶然遇见的东西也是如此。所以，他们常会一边到处走动一边东张西望或触摸东西。

表露与表达

明明自己不打算显现出来，却传达给其他人知道，这是在大人身上也是经常能看到的现象。因为当时的心情，会通过我们的肢体语言不自觉地表现出来，这种不自觉的表面化，就称为“表露”。在自己未发现的时候表露出来，正是心情的反应。与表露相比，“表达”则是有意识的积极行为，也就是企图说出自己想做的事。

为了表达自己，必须学会感受自己心情及想法，并将之表面化的方法。可是一岁儿尚未发展到满足这些条件的阶段。所以，大部分的表面化都不是表达而是表露。一岁的表露，也一点一点地转变成容易读取意思的情况。因为单纯的兴奋、高兴与不高兴有很大的差异，快乐、自豪、害怕、惊讶、愤怒、嫉妒等，区分得更为具体，表露反应出这些情绪，所以可以分出更具体性、个别性的差异。

表达行为的养成

一岁儿心中的想法，并不能明确地确实区分。因为他们不知道许多可以分别讲出这个或那个想法的词汇，所以会用自己知道的一个词汇来表达，然后利用学会的词汇，让自己的表达范围更广，也变得更容易让人了解。

宝宝满一岁之后，也开始会握着蜡笔涂鸦，还会出现听着歌曲模仿哼唱音阶的行为。绘画及音乐，是表达的代表方法之一。约从一岁半起，一边累积词汇，一边模仿大人，而逐渐记得许多社会性限制下的动作。“你好”、“谢谢”、“对不起”、“请给我”、“请用”等动作，也可以配合这些词汇的意思做到。在这个阶段可以看出一岁儿表达行为的飞跃性扩展，不只通过模仿学会更多的表达方式，想出去散步时也会走到门口穿鞋子等，根据经验创造表达的方法也增多了。

一岁儿的表达，几乎可说是从零的状态出发，大多是从只等待对方来照顾的状态出发。在满两岁前的一年左右时间，宝宝开始会以自己的意思建立和对手间的关系，用自己的意思传达自己的想法。想要某些东西或为某些事情伤脑筋的时候，会寻求能聆听他的诉求的对象，然后学会并记住各种的表达手段。

学习表达的个体差异

就像刚开始走路的时期一样，不可能每个孩子都相同，不能一概而论。而一岁儿在表达能力的发展上也有个体差异，有比较早学会说话的孩子，也有比较晚的孩子；有动作灵活的孩子，也有笨拙的孩子；有勇于表现的孩子，也有害羞的孩子。

表达能力并不只是指外表的灵巧度及数量所能测量的狭隘技能，它跟每件事的感觉方式及想法都有深厚关系，是更综合性的行为。换言之，是与孩子的所有想法有关，反映出孩子所有感觉的行为。

在技能性的部分，尽量让每个孩子在同一个立足点上成长，充分累积基础的经验，可是，如果只看重狭隘技巧的灵巧度，幼儿的表达虽然很早就能修饰得很漂亮，却会向是没有呼吸的洋娃娃一样不够真实。表现是孩子本身固有的东西，也是孩子本身心情的状态及感觉的反映。所以，每一个孩子的表现当然不一样。培养一岁儿的表达能力时，希望家长们能确实地先了解何谓表达。

表达能力的培养

希望一岁儿有丰富的表达能力时，应该事先考虑以下这几件事：

首先，大人本身要乐于表达，不管父母本身擅不擅长，都要勇于表现自己的想法。因为父母的这些表现，会成为幼儿表现的范本。而且父母对表达的想法，也会成为接受孩子表现的基础。所以，父母先接受孩子的表达，再一起快乐地分享，是一件需要用心的事。不要随便地敷衍或责备孩子，一定要先接受再小心地回答，因为宝宝若发现自己的表达被接受且有所回应时，会有很高的满足感。这种情形的重复，会增强并提高孩子表现的意愿。

此外，还要准备多样性的环境，让年幼的孩子在与其他人间的温暖关系中生活，让一岁儿在可以触摸、可以拿着玩的物品中生活。并尽可能增加孩子裸露肌肤接触泥土和微风、花朵、小昆虫、树木的机会。这对年幼的孩子来说，都是一些会令他感到兴奋的事物。因为人和物会刺激表达，人和物也成为表达的媒介。置身于许多想探索的事物的环境中，才能培养孩子丰富的表达能力。

从心中培养表达

孩子是要生活在只有真心话的世界中。所以，大人在这个世界的表达内容、方法，有很多的事要注意。年幼孩子的表达，是稚嫩且具创造性的。用自己的方式表现出毫不掺杂谎言的实际感觉，正是主体性丰富表现的原点。

由于我们对一岁儿的稚嫩表现还不能充分理解，所以会觉得宝宝这样的表现很可爱。但是一岁儿经常要大人接受自己的表现，在某种意义看来或许是处于最受宠的时期。只是我们不能总是觉得孩子的表现很可爱，还应该小心地从其中读取孩子的心情。与其让孩子学会许多打招呼等的形式，不如把重点放在孩子心灵的培养上面。

一岁宝宝的生活教育

基本上由大人示范正确的生活习惯，模仿也是养成习惯的一种方法。遵循固定的生活节奏，不要妨碍孩子每天都要做的事。

随着会走路而来的喜悦

“生活”一词如果依字面解释就是生机勃勃的活动。综观人类的一生，没有一个时期可以像一岁儿这样，生机勃勃且认真地探索自己的生活环境。开始学会自己走路的时候，家人当然不用说，我想最高兴的应该是孩子本身。

从坐着到站起来，从摇摇晃晃到取得平衡，这对宝宝来说是难得的成就。有时候扶着桌子或床边的围栏走到目的地时的笑脸，那无比的满足感，令人永难忘怀。站起来观看四周，视野也会变得辽阔。而且，可以靠自己的力量移动到自己想去的地方，比之前爬行更快速且轻松抵达目的地，可见宝宝是多么高兴自己有这样的成长，而必须这样父母或照顾者才能不断激励孩子的主动学习。

然而，一旦行动范围扩大，对各种事物产生的兴趣与好奇心也会增强，同时，恶作剧也会加剧，危险性亦增大。照顾幼儿生活的大人，对于视线一刻也不能离开的一岁儿，会经常感到非常辛苦且疲累。而且，认为孩子会好好地坐着，谁知才稍微去上个厕所，孩子就从微开的抽屉里把衣服丢得满地，或是爬上沙发、矮桌子。准备往下跳时，在瞬息万变的情况下，根本不知道孩子下一个动作会做什么，疲累感加剧也是无可厚非。

倘若因为如此而没有心情和孩子站在同样的视点共享喜悦的话，就容易心情烦躁，而破坏了孩子好不容易燃起的各种兴趣，以及认真想要去尝试的探究心和好奇心。如果能让孩子觉得活动等于游戏的话，让他帮你做些小家务，彼此的生活就会更快乐。例如，折叠洗好的衣服时，一边说着砰砰砰，一边拍打衣服，孩子就会跟着模仿。拜托孩子“按吸尘器开关”，宝宝就会边走边按开关玩耍。

在你必须煮晚餐或孩子无论怎样都无法安静下来时，就背着孩子跟他讲话或唱歌，这样你就能兼顾家务及看顾小孩，不但安全且让孩子的眼睛高度和母亲的眼睛高度几乎相同，这样传送彼此的温暖的背姿，使亲子双方更亲密。孩子是非常喜欢被人背着或抱着的，你可以根据时间与场合，好好地享受这样的快乐！还有，不只是一起工作，也可以一起看图画书、玩汽车玩具，或让孩子坐在你的腿上打瞌睡，因为孩子也很想要有人陪伴时间。

只要不妨碍到每天的基本活动，可以随着季节的不同安排不一样的活动，上午的散步及外出或傍晚买东西的时间也可以略做变化，但是要注意，不要让孩子沉迷于游戏而破坏了日常生活作息，必须估算好时间，千万别让孩子因爱玩而影响到了三餐的进食。

下午睡一次午觉

一岁儿的睡眠时间平均一天为13小时。白天的睡眠分成上午和下午2次，从一岁三个月左右，大概会变成只有下午睡一次。每天的时间会不一样，大约是一小时到一个半小时，睡眠时间最好用一整天来区分。为了让孩子睡得舒服，夏天要保持凉爽，冬天则要保持温暖。但是应避免过度依赖冷气及暖气，而是要让孩子尽量适应自然的气候。

俗话说，越有精神的孩子睡相越差，有的甚至晚上睡不安稳。当然，那些在自己小床一觉睡到天亮，或在母亲的棉被里就放心地进入梦乡的孩子也很多。不过，相较之下，夏天时比较容易睡不安稳。浅眠时，因翻身撞到床栏而醒来时，会移动身体找到凉爽的地方。而且有趣的是，天气变冷时就会自己把脚放进棉被里，这是宝宝适应生活的一种本能。而此阶段的孩子也开始会用自己容易睡着的方法来入睡，不需要大人特意地让他仰睡或侧睡。

正餐与点心

满一岁时，几乎和大人一样一天吃3次正餐，早上10点及下午3点则是食用点心的时间。因为现在饮食的品质变好了，上午的点心只需要给予牛奶及水果补充水分即可，或者省略也无妨。孩子大多喜欢吃调理成多种口味的各类食品，营养方面也比较均衡。当然，照顾者一定要避免给予宝宝不好消化和刺激性太强的食物。除此之外，罐头食物或半加工食品虽然不宜常吃，但偶尔也可以调理食用。

饮食中最重要的事，就是让孩子愉快地进食。然而，被认为还小的婴幼儿（零岁、一岁时），如果没有正常进食的话，常被误认为会影响到健康，因而让孩子有被强制吃饭的感觉，造成孩子的食欲减退。想想看“啊，又要吃饭了”的想法，和“啊，肚子好饿，一定很好吃喔”的说法，后者的感觉一定比前者好，也吃得较多吧！而且，一岁儿是记忆语汇的时期，想让孩子趁早记住“肚子饿了”、“好吃”等伴随着情感的语汇，就要让行动与意识结合在一起，这样施行起来会更得心应手。如果家庭中的成员都表现出一副很好吃的样子，不管是多小的小孩子都会记住这种感觉的。

蛀牙与点心

点心时间是和孩子一起吃吃点心，可以松一口气的休息时间。过去，虽然砂糖普遍被认为是造成蛀牙的原因，但近来的研究显示，食物及含糖饮料在口中的时间越长，也越容易造成蛀牙。所以最好不要让孩子有随时吃零食或用奶瓶一口一口地吸着含糖饮料的习惯。定时定量地给予点心只有好处没有坏处。夏天口渴时，可以让孩子喝开水、麦茶等补充水分。果汁类因为含有糖分，不宜多喝，而淡淡的柠檬水是不错的选择。

从牙齿长齐、什么都能吃的一岁起，请注意宝宝牙齿的卫生保健。和感冒一样，蛀牙也是万病之源。刚开始，餐后可用纱布轻轻地摩擦宝宝牙齿。在满一岁六个月左右起，在甜食之后记得要让孩子喝点开水，练习漱口。还有就是要定期性地带宝宝去检查牙齿，万一有蛀牙也能在还未出现疼痛前及早治疗。许多父母都认为乳牙会换牙所以不需要太过注意，但乳齿的蛀牙对恒齿也有很大的影响。

养成个人清洁的习惯

一岁前期的孩子还近似婴儿，大部分的事都要由大人帮忙。到了一岁六个月左右，站立成了他日常生活的普通姿势，差不多该试着让孩子做自己想做的事情了。洗手、漱口等和水有关的事，因为小孩子普遍都喜欢玩水，通常都会很乐意尝试。不过，入浴时反而会看到孩子讨厌擦洗身体、洗头的情形，如何让孩子快乐地洗澡，常常是父母头痛的难题。最近，一些儿童节目中，偶尔也会播放孩子们和爸爸一起洗澡的情形，不妨让孩子看看那些画面，感染洗澡的乐趣，或许会变得不讨厌洗澡。

宝宝在这个阶段也开始会想自己动手拿筷子或用汤匙用餐，筷子比汤匙更能显示自己的能力。如果家中的一岁儿表现出想自己做的心态，就试着让孩子自己做。但是，孩子并不能做得很好，食物也会洒得到处都是。这种情形通常会持续到三岁为止，甚至连大人偶尔也会发生，所以做父母的绝对不能大声责骂，而是要积极指导孩子学习事后的收拾及善后。

关于清洁的习惯，一定要从一岁半到整个幼儿期耐心地反复教导才行。例如洗手这件事，也要从只是在水龙头下搓手的状态，一直教到三四岁会洗手指之间及指甲缝为止。最好将一岁这个阶段视为养成清洁习惯的开端。由周围的大人示范，或和小朋友一起做——最重要的是，让孩子有想自己动手做的兴趣。换句话说，只要培养出孩子想自己来的心态就好。实际上做的则是大人，但是，借由孩子反复出现想自己一个人做和亲近的大人一样的事，可以让孩子渐渐地往自立方面发展。

关于排泄的教导

排尿的次数虽然有减少的情形，单次的尿量却逐渐增多。夜间则每个小孩的个体差异极大，有的孩子几乎不尿尿，也有孩子一晚弄湿尿布两三次。排便一天一次或二次。随着什么都吃之后，排泄物也会变得跟大人一样，量变多，甚至会从尿布渗出。将近两岁且会说话的孩子，看起来懂事很多，如果只有排泄怎么教都教不会的话，双亲就会变得特别容易生气，但这是勉强不来的事，绝对不能操之过急。

排泄机能在生理上完成的时期，平均大概是满两岁，但这只是平均值，还是有快慢之别的。做父母的不用太过大惊小怪，只要不疾不徐地耐心教导，仔细观察自己孩子的情况，试着想些办法才是聪明之道。

1. 在固定的时间让孩子去蹲马桶，慢慢地让他习惯，而且要天天彻底实行。
2. 察言观色，在宝宝看起来好像要便便时，就让孩子蹲马桶。练习排便时，利用这个方法很有效。
3. 随着年龄增长，排泄的时间大致固定的话，就不要给孩子包尿片。现在市面上也有卖训练裤，可以辅助训练。一般来说，宝宝在夏天比较容易摆脱尿布，冬天会比较慢。

通常是学会自主排便比较快，而排尿比较慢，但也有相反的情形。另外，有不讨厌马桶的孩子，也有拒绝上厕所的孩子，太早开始对排泄物的苛刻教养，会使孩子丧失自信，也会让孩子萌生弄脏自己会变得讨人厌的情绪。当孩子在练习排泄上失败时，照顾者不能发怒，如果孩子成功地上完厕所时，记得一定要夸奖一番。

一岁宝宝的社会生活

尊重孩子想自己动手做的欲望，就算做得不好也要给予鼓励，帮助孩子自立。不必勉强孩子，让他自己慢慢地融入周围的状况，学习社会性的生活。

想自己做的欲望

宝宝在迎接满一岁的生日左右，会放开妈妈的手，可以暂时一个人站立，不依赖任何人，好不容易才学会靠自己的力量取得平衡而站立，期间的解放感与满足感应该大得无法估计吧！然后，终于可以自己走路，能自由地去自己想去的地方，这种喜悦演变成极大的自信，让宝宝的整个生活变得更有意义。

此时，宝宝吃饭的样子也会有所不同。因为运动量变多，肚子容易觉得饿，不但会敲桌子催促，甚至等不及母亲把食物送进口中，就拉过汤匙或把手伸进盘子里。有时还会把食物洒得一地，这是因为宝宝的运动机能尚未成熟的关系，这时千万不能责骂孩子，反而要尊重孩子想自己拿汤匙、就算用手抓也想自己吃的意愿。因为孩子是需要经过一段时间的练习才能学会使用汤匙或从杯子中喝东西。

像这样，孩子的父母能够随处见到宝宝在生活上的主动意愿。如果孩子想脱衣服，就协助性地帮他移动手脚，让他自己解开前面的扣子。这种想尽办法用自己的手穿脱身上衣服的念头，在一岁这个阶段十分强烈。自己脱下来的裤子，如果前后相反或没有翻成正面，就算大人想帮忙，他也会固执地不肯让人帮。

孩子对自身能力的自信（靠自己也能做到的欲望），应该就是这样产生的。一旦使用自己获得的能力完成某些事实，宝宝会更强烈地感受到成长的喜悦。因为这是自立的第一步，就算做得不好，父母也应该称赞他“好棒喔，你自己做到咯！”这是很重要的。

支持孩子的探索活动

我们常常会看到走路摇摇晃晃的孩子，从母亲的膝盖上滑下去想做某些事，然后又再度回到母亲所在的地方扑向膝盖，没多久又跑出去。持续观察的话，就知道孩子不会走太远，也绝对不会走到看不见母亲的地方。他们会频繁地回到原地，借由触摸来确定母亲的存在。经常会用双手抱住母亲，或把脸掩埋在母亲的膝盖上。就算正在玩积木或沙堆，也会不时抬头寻找母亲的身影，然后再放心地继续玩耍。如果发现母亲不见时，就会把玩具抛在一边，专心地寻找母亲。

会走路的孩子的范围突然地变广，看到的全都是不可思议的新奇事物。小草、树木的果实、水滩和小石头什么都想摸摸看。因为若不实际摸摸看的话，就不知道东西的触感和性质。会被想抓的昆虫突然飞起吓一跳；把手放进水中会觉得冷；用手拍水使得水溅起来而弄得全身湿漉漉的，这些都是第一次的经验。

这种喘不过气般的惊吓及紧张重复个两三次之后，孩子会需要一处平息兴奋的地方，这个地方就是母亲的膝盖或怀抱，对孩子们来说是个安全感十足的地方。一岁时期的最大特征之一，就是对事物的认知活动变得旺盛，换句话说，他们很喜欢用自己的脚到处走动，然后用手触摸、来回玩弄，想知道那是什么样的东西。例如，绕过树木的周边才知道树干的粗细；绊到树根才知道地面的坚硬度。用身体、感觉来得知身边周遭事物的性质，对孩子学习如何生活来说，是绝对必要的事。

而对母亲的信赖就是支持孩子前往未知的场所观察、触摸、尝试任何事物的冒险心，就好像小型渔船要出海捕鱼满载而归，卸下渔获补给好燃料，又重新出海一样。母亲正是探索活动的基地，也是孩子的避风港。

身为家庭的一员

在孩子刚满一岁的时候，先让他坐在附有小桌面的儿童餐椅上吃饭，到了后半期就可以让他和家人一起坐在餐桌旁吃饭。这对孩子来说是一项极大的成就。登上餐桌也可以说是身为家庭一员的权利，和双亲及兄弟姐妹围着一个桌子吃饭的景象，是孩子成长后对“家庭”的原始印象。坐在旁边的母亲递来剔除掉鱼刺的鱼肉，对面的父亲让自己咬一口菜的乐趣，就算伸手去拿东西而被哥哥姐姐骂会弄翻东西，不久两人又因某件事相视而笑。全家人一起围着餐桌，愉快地分享同样的食物与欢乐。所以，就算幼小的孩子不理解内容，却也能感受到家人欢乐的气氛。一旦有人缺席他就会主动去寻找，似乎逐渐了解家人每天都要一起在餐桌上用餐的意义了。

还有，此时也是让孩子记得打招呼的时候。早上，睁开眼睛时，母亲就会说：“早安”，宝宝心情好时会笑容可掬地大声说“早安”。碰见爸爸时，还会一直对爸爸说“早安”。刚刚才会说简单词汇的孩子，往往会频繁地使用这些词汇，一边模仿大人，一边体验人际关系。打招呼的功用在于理解一天家庭生活的流程。例如，早上起床后的“早安”、“开动了”是开始吃饭的信号，“我吃饱了”表示用餐结束，还有一天结束要睡觉时的“晚安”。这些词汇除了能帮助孩子区隔生活上的作息以外，更重要的是让孩子能加入大人的活动而有很大的满足感。

另外，宝宝满一岁后，和全家人一起出门的机会也会逐渐增加。暑假回乡下老家或去拜访亲戚，或者星期天的野餐及兜风都是一起出门的好时机。虽然带到人多的地方或长时间的旅行对一岁儿还嫌太勉强，但是这些经验是宝宝体验家人间深厚情谊的机会。受到祖父母、叔叔伯伯的疼爱，与堂表兄弟姐妹间不受拘束的交往，都能扩展一岁儿的人际范围。

学习自我控制

一岁儿有旺盛的好奇心，要带领着他们尝试周遭的任何事物。反复开关电视机，把玩爸爸的眼镜，本人虽然玩得很高兴，却被大人一一制止，最后竟发起脾气来。还有，白天外出过或有客人来的那天晚上，会兴奋地到处跑而不肯去睡觉，让父母十分头痛。吃饭时一看到喜欢吃的菜，就只想要吃那道菜，故意挟别的菜给他，还会大发脾气。

在两岁前宝宝会有这种感情的爆发，是因为孩子心中也萌生出想表示自己意见的想法。因为他还不会处理情感，自己也不知道该怎么办才好，才会哭泣和发脾气。想做的事被中断而生气，明明想睡却不能睡的焦躁，不让他吃喜欢的东西而不满，就会表现出前面所说的行为。

这些的确是成长的自然过程，但在另一方面也必须顺势慢慢地教导孩子学习控制欲望，不能一味地禁止。跟孩子说“请爸爸给你眼镜，爸爸就会给喔！”待其拿取东西转换成一种快乐后，再跟孩子说“爸爸没有眼镜会看不见哟！”让孩子体验到为了对方而交出自己想要的东西的情感。这样比起硬是拿走孩子手上的东西要好得多。

物品的拿取游戏，是这个时期的一种好游戏。跟孩子说“请把那个拿给我”，孩子就会“给你”，接着再点头说“谢谢”，孩子就会非常高兴。下次反向发展成“请”、“给你”、“谢谢”。虽然将同样的东西交出去或拿回来并没有什么了不起，但是如果自己交出对方想要的东西，一旦对方有自己想要的东西，一岁儿就会记住不能突然抢过来，而会拜托对方“请给我”。渐渐地他就能学会控制自己的欲望，可是大人也有必要明白地拒绝孩子的要求。

此外，这也是学会稍微等待的时期。“牛奶马上就热好了，再等一下下喔！”一边和孩子说话一边准备食物，然后招呼孩子说“好了，开动吧！”此时孩子就能够知道这时候可以动手吃饭。虽然肚子饿得受不了的他很想早点吃，却因此而变得会忍耐并等待时间。虽然勉强孩子等待不是件好事，但让孩子学会自己稍微配合周遭的状况，有助于适应社会生活的学习。

对其他儿童的兴趣及关心

支持一岁儿的行动，主要是以母亲为中心。在与大人间的关系稳定后，一岁儿也开始对其他孩子表现出关心。在车上一看见其他孩子的身影就高兴地探出身子，在公园玩时，会蹲在其他孩子身边玩。有时候，也会模仿其他孩子玩玩具的模样，但看不到任何和小朋友沟通的情形。即使如此，他们看起来还是跟其他孩子在一起时比较快乐，一旦其他的小朋友离开了，就会停止玩耍而回到母亲在的地方。而且，一岁儿在经过幼儿园时，会靠近门的栅栏，闪亮着双眼看着里面的小朋友们，一直不肯离开。这表示他开始对和自己一样的小朋友感兴趣了。大人对一岁儿来说，因为太接近自己而有和自己为一体般的感觉，而且不管做什么事，大多是通过大人的手帮忙完成的。

但是，其他的小朋友们就不一样，别的孩子什么事也不会帮忙自己做，同时自己也不能随心所欲地让对方有所动作，也就是说，这时的一岁儿意识到对方和自己有完全不同的人格，这才是引起孩子兴趣的主要原因。对其他孩子的存在保持着关心，让孩子因此了解到自己的存在。虽然一岁之前若不能和母亲在一起就不能安心，但到这个时期就能在稍微离开母亲的地方（也就是能听见母亲声音的地方）自己玩耍，这便表示他开始能够接受与母亲短暂的分开了。

宝宝满两岁后，生活上逐渐自立，终于面临“自我觉醒”的时期。人际关系不像以往般只有大人，也会和其他孩子产生关系。和邻家的孩子玩耍或在附近的公园和别的孩子玩耍等，会想要和其他孩子建立一起玩耍的经验。

一岁宝宝的游戏

一岁儿的生活就是游戏。什么都想要做，喜欢学习新事物，在不断追求这些欲望之中，显现出一岁儿的本质。为了让孩子能舒畅地表现出旺盛的好奇心及探求心，做父母的要尽量满足孩子的需求。

活动力与游戏

一岁儿的生活就是游戏。每天自然地和周遭的人与物交流，不论在吃饭或睡觉的时候，对孩子来说基于自发性的兴趣而享乐、游戏的情形不少。发出咿咿呀呀的喃喃自语，和尿布说拜拜，从大部分生活都要靠大人支援的零岁儿到开始会自己走路、玩玩具、玩游戏、用语言表达自己的要求及意愿、自己会做某种程度的穿脱衣服及吃饭等。换言之，一岁儿的时期，可以说是学会生存能力的时期。孩子们会发挥“想做的精神”，想要触摸、观察、模仿、了解、确认。这些意愿是为了生存下去的基本欲求。然后使用新获得的行动力，在不断地追求这些欲求中，可说存在着一岁儿游戏的天分。

孩子重复一项项的思考，得到确实回应的游戏，告诉了我们通过体验来学习的重要性。也让我们充分了解到，孩子基于旺盛的好奇心来探索活动及模仿是在促进身体的发育，同时孩子也借由这样的探索活动深入地了解周遭的人事物，培养出思考能力。在此，父母们不妨重新看待孩子游戏的目的，试着思考宝宝在这些游戏中能培养出什么，孩子本身又想让自己如何发展。也就是说，通过游戏去理解孩子的世界。

创造自己的行动系统

在宝宝满一岁六个月后，会显示出与一岁前后开始学步时完全不同的好奇心、探求心，这些正是他们扩展行动范围的原因。能让这些好奇心及探求心完全地表现出来，与一直陪伴在孩子身边直到他满意为止，我认为是照顾者、做父母必备的事。

只是让孩子去玩，却不让孩子做想要做的事，这种“游戏”是不能让孩子从心底感到满足的。结果，孩子因玩不到他想玩的游戏，而一点点地累积焦虑，造成情绪不安定，当他自发性地玩耍时，当然也不会听从照顾者或母亲的要求。如果就这样认定孩子的那种状态是他的性格使然，就会越来越看不到孩子真正的面貌。

孩子最喜欢到外面玩，接触大自然，不要一直把他关在室内，或只让他在大人主观认定的游戏中游玩。更不能随便替孩子贴上爱哭、难以应付、四处走动静不下来等标签，而是要用心照顾，让孩子充分表现出内心的欲求才行。

特别是幼儿园，对于从小就在团体中生活的绝大多数的孩子们，每一个小孩是否真的能玩得尽兴，是否能给予孩子这种环境、时间等，让人非常担心。

将小孩托给幼儿园照顾的父母有必要再一次到现场，确认园所所执行的照顾是否能让每个孩子展开充实的游玩。而在家中照顾的话，则应重新思考自己的育儿的方式是否阻断了孩子朝自发性游戏的发展。孩子在满足他的欲求后，就会顺利地转向下一个行为，这就是规律生活的原点。睡眠充足的孩子会自己醒来，游戏也一样。而且，所体验到的满足感，会衍生出对下一个活动的意愿及兴趣。

另外，自发性的发展、自己确认、自己发现，能形成自己建立生活规律的基础。例如孩子想自己扣扣子，并不代表孩子往自立迈进一步，让孩子做到具体性的生活行动也不表示要培养自立，重点是，孩子自己本身可从中建立起行动系统。这种能力的养成，和孩子的自发性行动，也就是游戏有很大的关系。所以要耐心地陪着孩子游戏，完全尊重孩子想做的事与想法。

喜欢恶作剧——探索活动

一岁儿的游戏之中，最具特性的就是探索活动。他们对于人或物都积极地进行探索。当然，孩子并不是以探索为目的，而是将所获得的行动自由运用在自己本身内心急速扩张的兴趣及关心的对象上。这种经验将成为一岁儿日后智慧性、精神性活动的基础。

此时，宝宝通过站立可以看到更远的事物，借由走路可以接近感兴趣的对象。随着行对范围的扩展，就能遇见许多稀有的事物，发现至今未曾发现的事。在连续的新鲜惊喜下，一整天就充满了无限的趣味性。所以，一岁儿喜欢随着手眼所到之处试着去触摸东西。

譬如以散步为例。散步本身对宝宝而言就很有趣，眼睛转个不停地注意周围的状况，会突然跑去触摸吸引他目光的石头，发现水滩时就将手中的石头投进去，扑通的声音会令他高兴地重复好几次，有时还会玩到全身湿淋淋的。看见动物会马上伸手去摸，对方一动会吓一跳地哇哇大哭，但习惯之后又会摸好几次。在不断重复中，逐渐了解小鸡、兔子和蚂蚁的区别与性质。

在幼儿园等团体场合，就算是其他孩子手里拿着的东西，也会伸手去摸。有时候其他的孩子也成为他探索的对象，而被他弄哭或是受到对方的反击，造成孩子间的争执，但是通过这种争执，一岁儿也会深入地了解自己以外的孩子。在开始步行时期前后变得旺盛的这些探索活动，会因孩子与大人之间的亲密关系之不同而有相当大的差异。与大人维系着紧密信赖关系的孩子，会克服探索活动中遇到的麻烦及挫折感，一次一次地扩展探索的范围。可是，若没有对大人的信赖作为支持后盾，会因为情绪上的不稳定，以及对其他事物缺乏关心与好奇，而不能充分进行探索活动。只要遇上一点点麻烦就会立刻感到挫折，这表示双亲及照顾者必须先成为能让孩子有安全感的人，进而守护孩子的探索活动。

孩子如果发现有兴趣的东西，一定会看着信赖的大人。如果目光遇到的是温柔的“眼神”或许可的“言语”，孩子就会更有信心，变得越来越敢向新的经验挑战。所以父母要对孩子感兴趣的东西，以喜悦的心情用“言语”回复（例如，“啊，是小蚂蚁耶！”、“好漂亮喔！”等），这会促进一岁儿语言的发展。也就是说，宝宝在了解语言和事物的关系的同时，就能学会语言的沟通功能。

探索活动的扩展

在孩子的探索活动中，其感兴趣的东西常是令大人困扰的。例如玩水，毫无例外地可说是孩子最喜欢的游戏，然而对大人来说却是相当伤脑筋的事。因为孩子常在稍微一不注意时就会跑到有水的地方开始玩耍起来。在家中的游戏舞台大多是在厨房或洗脸台，在幼儿园则是洗手台及饮水台，有时候连厕所也会变成他们的游戏场所，常常把自己弄得湿漉漉的，所以一定要常替宝宝更换衣服，不然会很容易感冒。

就算你给孩子脸色看，也无法阻止他们对游戏的热衷，倒不如让孩子高兴地玩到他满足为止。玩泥巴游戏，或利用画具游戏也是一样。随心所欲地让宝宝享受游戏，对一岁儿来说是相当重要的经验。但是在充分认定探索活动对一岁儿的意义之后，也别忘了教孩子学会认识好事与坏事，还有做了什么会让大人难过的事。

在探索活动之中，累积用自己的脚移动、用自己的眼睛观察、用手操作物品、认识及思考各种东西等主体性的经验，并且自主性地学习，同时也体验到周围的人际关系和各种情感而逐渐成长。换句话说，一岁儿通过探索活动了解物品的性质及对待方式，让物品、状态、情感与语言达到一致，感受到自己真正的生活。所以应尽量让孩子有多样化的经验、全新的发现。试着从家庭及幼儿园往外踏出一步，就算是小小的散步，也能帮助一岁儿扩展新的兴趣及关心。孩子们会因为新发现的喜悦而感动，碰上道路施工时，会对在那里工作的人们和车辆等表现出强烈的关心。照顾者还应配合每一个孩子充分地检讨游戏内容，才能积极地融入一岁儿生活中的活动。

但是，散步时要注意不能让一岁儿离开自己的视线。因为孩子会不顾现实状况，只凭自己的兴趣及关心行动，当然会存着很多危险因素。因此，在以“安全”为优先考量的幼儿园里，老师们没有多余的心力和孩子一起享受他们的感动与乐趣。结果常会变成只是让一岁儿散步的义务性散步，对孩子来说也只是步行的训练。所以，为了让一岁儿的散步变成丰富的生活经验，一起行动的双亲或照顾者，应该要配合孩子的行动，侧耳倾听孩子的低语，这样孩子才能享受到散步的乐趣。

和孩子一起生活的大人们，他们的关心对一岁儿来说也具有极大的意义。在了解一岁儿各种探索活动（大人眼中的恶作剧）的意义后，替宝宝准备可以充分活动的环境，并在他们有新发现的同时，大人本身也有必要告诉孩子自己对此有何感觉与想法。由于一岁儿还不能完全靠自己一个人行动，父母别忘了要扮演好充分支持孩子探索活动的角色。

满一岁半的孩子们，会喜欢用到指尖的玩具及道具，例如穿绳游戏、槌子、积木、木块、黏土、蜡笔等。事先准备这些东西，对于正在培养精致性及构成力的孩子，能给予充分的趣味及满足感。然后，通过对这些玩具及道具的探索——经过反复地把玩，让孩子体验生活上的自立能力。

和大人一起游戏

零岁到三岁左右的孩子很喜欢和大人一起游戏。而且大人的全心投入，对孩子的人格养成是不可或缺的，这点大家应该都很清楚。对一岁儿来说，和大人一起彼此接触身体来游戏是非常重要的。

一到二岁儿的阶段，有充分和大人一起游戏的经验，对孩子日后的成长具有很大的意义。就算时间很短，但只要在这段时间中充分地游戏，孩子也会觉得和大人一起玩耍很快乐。

孩子最喜欢的游戏是搔痒和追逐。一边回头看后面追来的大人，一边气喘吁吁地逃。如果大人想中途停止，孩子不但会要求再追他，还会用整个身体来催促。喜欢大人将他高高举起，上下摇动后忽然放下来，就算大人累了也不让人停下来。还会偶尔说些“鬼来了”、“狼来了”等刺激想像力的话追着孩子，让孩子更兴奋。可是，有的孩子被抓到的时候，也会吓得哭出来。

在团体生活中，某个孩子一做跑的动作，其他的孩子也会跟着跑，与其他孩子毫不考虑地成群游戏也是件重要的事。因为游戏的开始，是基于和大人间的信赖关系，在孩子逐渐了解其他孩子的存在之后，才会渐渐发现和朋友一起玩耍的乐趣。

模仿游戏

一岁儿在快满两岁时，自我主张会变得强烈，反抗性的行动也会变得明显。同时也会看到孩子模仿大人的行为，这也是一岁儿的特征之一。特别是对喜欢的他人说的话和行动，反应非常敏感，而且会加以模仿。不过语言的表现有个体差异，从一开始只会不断重复语尾，到能模仿耳朵所听到的一字一句，最后变得会自己使用，在不知不觉中逐渐学会说话。刚会说话的孩子，什么都想要知道，话题也会变多，很期待使用自己知道的字，整天说个不停，这正是因为此时是宝宝智力大幅增长的时期。

此外，孩子也会很高兴地唱着歌。肢体表现、韵律表现都会变得很活跃。唱到兔子时会蹦蹦跳跳，唱到火车时也会来回地走动。如果有大人示范的话，再小的动作也不会错过。一岁儿还会仔细观察其他孩子在做的事。在幼儿园里只要有一个孩子假装是司机坐在椅子上，一边说着“bubu”一边玩，一定会有好几个孩子也用同样的姿势玩同样的游戏。

孩子的心灵会逐渐充满关心、兴趣、求知欲及想像力，模仿正是他们想自己确认这些事情的表现。也常看到孩子模仿大人就像抱婴儿一样抱着玩偶，或是模仿大人的日常生活，像是蹲在沙坑里做丸子的孩子身边，要一边说“好好吃喔，谢谢你的招待”，一边假装吃等等。借助玩具模仿日常生活后，会看到孩子反复地玩。

当然，所谓的玩具对孩子来说，不只是大人印象中的玩具，包括生活用具等身边的所有物品都有可能成为孩子的玩具。所以，宝宝在零岁到一岁的时候，对于视觉上吸引他目光的东西，都会用手去抓或挥动等，并且很高兴地操作着。如此配合身体上的发育，一边操作物品的游戏，每天都会不断地重复。

对于洋娃娃及玩偶，会哄它睡觉、背它、喂它吃饭、带它尿尿，或和它讲话，可以看到孩子完整地重现自己日常生活的活动。过家家就是重现自己的经验，想要变成大人的游戏。孩子会提着袋子，背着洋娃娃，嘴里说着“我要去买东西了”，高兴地玩着出门购物的游戏。问孩子说“你买了什么东西？”孩子就会从购物袋中拿出木块或积木等东西说“这是鸡蛋哟”，很享受与你对话的乐趣。

有时，会把树叶当成盘子，把球当成西瓜，逐渐培养出模拟的能力，也会假扮是妈妈、医生或是护士。这也表示每个孩子的心中都有印象产生，并且培育出如何表现这些印象的能力。对于孩子的这些游戏，大人要有能和孩子共同感受的感性。一岁儿很快就会玩“模拟”及“模仿”游戏。当孩子要求的时候，要一起与他参与游戏，并准备有助于发挥孩子想像力的玩具及环境。让宝宝在大人的帮助下，借由快乐的游戏，渐渐地和其他孩子建立关系，了解怎样一起游戏。

现代的孩子，被认为很容易受到挫折。在普遍物质丰裕、过度关怀还有放任教育环境之中，经验的内涵及范围十分狭隘，常常错过各种情感的冲击，这也是值得为人父母者反省的情形。和大人一起玩拥抱、接触的游戏，能确实传达给宝宝整个人被包容的信赖感。一岁儿的游戏，是孩子人格养成的第一步。孩子们的这种自发性行为，会转变成意愿，有助于自立的成长。所以我们要让孩子慢慢地、舒畅地享受游戏的乐趣。

重要的游戏环境

一岁儿的智力，因为周围人士的对应方式以及家庭环境的不同，使得每个孩子的发展有快有慢。例如，母亲加入和孩子一起玩模拟游戏，或谈论所想到的以前经验，将会刺激孩子的大脑，促进其使用象征及印象能力变得发达。

此外，母亲也不要太过神经质，多给予孩子恶作剧的自由空间。一岁宝宝使用道具的能力，会通过拉扯桌巾以及玩开关一样，一旦发生某件事，就针对这件事迅速产生反应的游戏而逐渐变得发达。

因此，母亲太过于神经质，那个不行、这个也不行地限制孩子的行动，会减低孩子的好奇心，也会妨碍孩子通过各式各样的经验扩展思考能力。

除此之外，家中太过杂乱，物品总是不放在固定的地方，会对孩子记住物品所在地，然后加以搜寻的能力发展有负面的影响。甚至，家里常常人来人往、出门的次数过多、每天的行程不固定、家中吵杂、电视机或收音机开着不关，也会让孩子变得我行我素，减少许多进行各种思考的机会。孩子的成长受到周围的人及环境的影响。偶尔，重新审视和孩子间的往来、家中的游戏环境，是否会对孩子产生负面的作用是很重要的。

要让宝宝开心舒畅地享受游戏的乐趣。

Part 5
两岁宝宝的成长发育

两岁儿是包括刚满两岁和即将度过三岁生日的幼儿。因此，幼儿在两岁的前半部与后半部，其成长的过程其实完全不同。再者，一般托儿所的两岁儿班，在同一班级中有两岁的，也有已满三岁的幼儿。更何况每个幼儿因育儿期间、家庭环境、地域环境等影响，各自具有不同的“发育个性”，若将现实中未经确认的统计所得的平均值强加到宝宝身上，反而会造成发育上的障碍。两岁是幼儿身体器官机能成长与运动功能在生活中开始自主的时期，为了与此相适应，体态成长也进一步趋于完善。

两岁宝宝身体的发育

两岁是幼儿身体器官机能成长与运动功能在生活中开始自主的时期，为了与此相适应，体态成长也进一步趋于完善。

外观的成长

宝宝成长到一岁时开始会行走和说话，渐渐摆脱婴儿的形象，步入幼儿阶段，体重、身高的增长也趋缓。两岁时，由于身体各器官机能的成长与运动功能在生活中逐渐自主，为了与此相适应，体态的成长也会进一步充实。到了三岁以后，脑细胞、脑神经成熟及智力明显发展，可以说是往成人阶段迈进的时期。所以，两岁可以说是从婴儿转向幼儿的过渡期，我们就根据这样的观点来看看两岁宝宝体态成长的意义。

1.体重、身高

与一岁时的成长速度相比，速度大大减慢。即使如此，在这一年中，身高平均增加7～8厘米，体重会增加2千克。此时期的特征是在生长发育的同时，内脏器官、运动功能充实与形体的变化相吻合，在身高的增长过程中，四肢明显增长以适应步行和手的运用。

2.体型

与一岁幼儿相比，两岁幼儿的身体形态由于手脚变长，体型多少显得修长起来。部分原因是由于可以开始步行，过去为了方便步行的O型腿，虽然在此阶段还有些残存，但每个幼儿发展的程度有所不同，有的幼儿可能已经变直，而有的幼儿甚至形成了X型腿。

行走是宝宝在这个阶段的生活重心。由于行走的机会多了，下肢就逐渐变化为上述形态。除了上肢变长，手的运动机能充实，特别是手指的细微动作，也在幼儿的玩耍和生活中广泛展开。此时，宝宝的饮食生活习惯也有很大的变化。在此之前的饮食种类中，以水分含量大的食物居多，使得幼儿的腹部看起来较大。而现在固态食物的增多，腹部容量变小，逐渐变得平坦。但即使是这样，在其下腹部还是会残留有像婴儿般的膨胀状。而身体的比例，也由于双腿变长，重心逐渐移至身体上半部。

3.容貌

发育得较快的幼儿，有的在两岁时乳牙就全部长齐，开始咀嚼食物。通过咀嚼食物，使食物变细，然后与唾液混合吞咽。这种与成人相同的进食方法，开始明显形成。因此，下巴开始频繁运动。也可以说是由于咀嚼，使得脸上的肌肉频繁运动，逐渐发达起来，并使下颚的机能发展有一定的进展。其结果使得幼儿由圆呼呼的婴儿脸型，而变得有些修长。开口说话，也会使得嘴巴四周的肌肉及其功能得到发展，面部表情变得丰富，由婴儿容貌逐渐变成幼儿容貌。也就是说，在这个阶段，伴随着饮食生活、语言、自我意识的变化，容貌也开始变得有个性了。

4.个体差异

到了这个阶段，幼儿基本的成长发展有了相当大的进展。由于行走和语言的发展，人际关系的交往也开始萌芽。这种情况会直接或间接地影响到体态的成长。因此，从一岁左右开始，个体差异逐渐明显，这也是幼儿处在这段时间的特征。体态的成长虽然有父母遗传基因的影响，但也与其日常生活有着非常密切的关系。特别是行走与咀嚼食物，对于往后下肢的发展与容貌等变化有着巨大的影响。以体重和身高为基本的身体发育，也会反映在父母遗传的基础上，但在往后的生活中，个体差异的幅度会逐渐扩大。

各种功能的发育

婴儿在最初阶段，没有自理能力，其生长完全依靠成人周到的护理。最典型的例子，就是腹中的胎儿。出生婴儿，可以说是“保护型育儿”，他们完全依靠父母和保姆的精心护理而生活。出生半年以后，开始可以外出。而且由母体所获得的免疫机能断绝，开始容易罹患各种疾病。即使这样，幼儿自身也具有一些抵抗这些疾病的免疫机能。如果实在抵御不了，在经历各种疾病之后，就会逐渐形成较强的免疫力。

随着运动机能的发展，行动变得自如，通过各种亲身体验，使心理与身体得到同步发展。因此，在这个阶段内，难免会做出一些错误的行为。通常会在反复尝试后加以改正，而且常常会遇到经常性的事故，而体验到受伤的经历。由这样的经历反复地一再重复，幼儿会逐渐培养出能够自如适应生活环境的活动能力。此后，为形成更加健康的体魄与勇气做好准备。

从婴儿阶段到独立的过渡期如此经过各种疾病、事故的体验，在各种生活环境中，身体也会形成坚强的力量。也就是说，两岁之前是为以后漫长的人生打好基础的准备，使身体的机能能够在此后亲身经历的各种场合顺利地发挥作用。此时，再来回忆宝宝在零岁、一岁、两岁的成长过程，其实是一段非常艰难的时期，例如学会语言、用双脚行走、独自解决大小便、生病等，可以说是人的一生当中经历变化最剧烈的生活阶段。所幸对婴幼儿来讲，那段时期的曲折经历不会在他们的人生记忆中留下印象，这是因为连接脑细胞的神经纤维的髓鞘化还未成熟。

如果仔细思量，正是因为脑细胞处于这样的状态，幼儿的生长发育才会有如此迅速的速度。两岁或者三岁左右时，身体的各种机能已经完全具备。其神经纤维的髓鞘化也已大致完成，神经细胞开始发挥各自的作用。也就是说，幼儿日常的生活体验可以作为记忆，储存于脑细胞中。日常生活的体验，作为实实在在的记忆残留下来，是使智力飞跃发展的巨大力量。正因为婴幼儿阶段没有这样的记忆，只能觉得饿了就想找奶喝及进行生理的自然排泄。但是，与记忆同时发展的智力，开始能够区别生活中的“过去”、“现在”、“未来”。例如现在，即使是肚子有些饿，也可以稍稍忍一忍，等一会儿再进食。

两岁幼儿虽然可以做到这一点，但毕竟还不到三岁，这种忍耐常常以发脾气来表现，使父母觉得非常为难。像这样在各方面有了相当的成长，但其成长却尚未完全成熟的情形，会在平常的行动、态度中以各种形式表露出来。这也是两岁儿童的特征之一。

反抗情结

在智力与语言能力急速提升后，行动也会变得更活跃。但由于还有许多不熟练的地方，平时的行动也常常会因失败而中止。从行动方面来看，摔跤、跌倒等现象十分频繁。因此，偶尔会发脾气，甚至敲打或咬人。

幼儿的这些行为，在他人眼里看来感觉好像是带有反抗情结，是非常令人讨厌的行为。其实，这是非常普遍的现象。在成长阶段，一再重复做一些错事是正常的。我们将这段时期称作“反抗期”，而“反抗”是这段时期幼儿的特征。在经过这段所谓“反抗期”之后，三四岁幼儿的精神、智力发展，行动、语言的发展会更加熟练，逐渐步入下一个发展阶段。

能听懂别人语言的时期

虽然在许多方面还未成熟，但行动与智力快速发展，此时，倘若不能使用语言充分表达自己的思想，但也已能够相当程度地理解成人所说的话。但成年人却动不动就根据幼儿的行动进行各种判断，并力图纠正幼儿的行为。希望成年人能理解此时的幼儿还处在未成熟的时期，只要耐心地倾听幼儿的陈述，应该大致能理解幼儿所想表达的意思。从这个阶段开始，可以感受到幼儿进入了“能明白别人语言”的时期。

这个时期，幼儿已经具备了日常生活中最基本的能力，但是尚未达到完全掌握的程度，各方面都还可以说是尚未成熟。这时期开始逐渐有了“自我意识”，可以明确区分自己与其他人之间的关系。

因此，对于其他人与自己之间的关系会做出各种反应。所有这些成年人看来是处于“反抗期”的幼儿行为，即是上述的各种表现。如果旁人对自己施加什么行为，幼儿都会加以反抗。例如，过去能愉快地配合身体检查，到了这个时期，反而觉得非常反感，紧闭嘴巴而不张开。对旁人施加给自己的行为感到反感，并且极力反抗。如果自己的物品被拿走，会更加激烈地反抗。这种行为，正是“自我”意识开始确立的佐证。在与旁人的交往中，幼儿会避免自己受到伤害，促使自己的心理与肢体得到进一步发展，使自己能够顺利地与人交往。

幼儿身体自身的抵抗力，也是基于同样的道理。在感染疾病或是受伤的过程中，培育了对疾病的免疫力，并增强了对日常行为的安全意识。就这样，开始积极地步入健康状态。特别是过了两岁以后，口腔内长出被称作“第二乳臼齿”的牙齿，牙齿能咬合的范围扩大许多。这些牙齿上下咬合，将位于上下牙之间的食物磨碎，几乎是与成人以同样的方式食用各种食物。这颗大牙，大多是在两岁半左右时长出，迟一些的幼儿，到了三岁才会长出来，个体的差异非常大。因此，没有必要特别担心大牙长出的时间是否太晚。

如果说要担心什么的话，应该说是担心这颗大牙长出后的蛀牙情形。这颗大牙为了能咬合且能够有效地磨碎食物，齿面布满了许多复杂的凹槽，而且又是位于口腔最里面的部位，刷牙时很难充分刷洗干净，而容易导致蛀牙。如果这颗大牙长出得较早，则更需要注意保养。由于幼儿的进食功能明显发展，任何食物都能顺利地吃下去。此时，也是极容易产生蛀牙等疾病的时期，需要充分注意预防。

餐具的使用与口腔的功能

幼儿的饭桌上，经常放着有美丽图案的碟子和把柄部分稍微粗大的汤匙及叉子等餐具，幼儿使用这些餐具吃饭时，往往会出现令人捧腹的滑稽场面。两岁幼儿如何使用这些餐具？使用餐具与口腔接受食物动作的协调程度又如何？

在宝宝一岁时，虽然给他汤匙和叉子，他却经常直接用手抓食物往嘴里送。到了两岁，幼儿能用手同时拿碗和汤匙进食。嘴唇的功能进一步发展，紧闭嘴唇的力量增强，甚至能将水含在嘴里“咕噜咕噜”地鼓起腮帮子。也能够手持汤匙或叉子，将适量的食物送入口中，顺利咀嚼，而且将咀嚼后的食物分数次吞下。如此一来，不论多少食物，都能顺利地进食。

关于使用餐具的熟练程度，两岁幼儿能顺利地用汤匙在碗内舀起食物，但还不能将较大的食物细分，只能取其中的一部分。这个时期，有的幼儿还能左手拿碗、右手握筷，两手同时握住不同的餐具。这时，可以开始让幼儿在饭桌上使用筷子，但是不需过分急躁地强迫他们正确地使用筷子。因为这时的幼儿还不可能熟练地使用筷子，过分矫正只会使他们失去学习的兴致。

舔手指与吸吮

零岁的宝宝经常会做舔手指的动作，一岁生日过后，就逐渐不舔手指了。但是，如果是困了想睡觉，有时还是会很自然地将手放入口中吸吮。在婴儿期内，这个动作对于婴儿口腔机能的发展，发挥了重要作用。

这种作用，在过了乳儿期后就变得不必要了，大多数幼儿就不再将手指放入口腔。但事实上，也有少数幼儿到了两岁还会习惯性地舔手指。

与舔手指相同，幼儿在两岁后，吃饭时会在口中含着食物，像吸奶般“吱吱”地慢慢吸吮，不愿将口中的食物吞下。其实我们可以通过观察宝宝嘴巴的吸吮动作来探察宝宝的内心世界。

我们在研究两岁以上的幼儿的进食方法与白天舔手指的动作时，特意区别幼儿的这种动作，是不断持续至今，或是一段时间消失后又重新出现？结果显示重新出现这种现象的幼儿，大多是因为有特殊的原因，尤其是搬家、有弟妹出生、开始进托儿所等。大多数原因主要来自于环境的改变，也就是说，因为环境的突然变化，造成幼儿的不安，使得他们通过对敏感的手指、口（或舌与唇）的相互摩擦刺激，达到心理平衡，使自己充分得到满足。

吸吮和舔手指的动作，都是通过运用自己婴儿时代的习惯动作——吸吮乳汁，使自己的身心重新回到婴儿时代，让自己紧张的心情得以放松。如果看见幼儿舔手指、吸吮，千万不可强行制止，必须先找出原因，进行适当地辅导，并巧妙地加以禁止，譬如在幼儿的手指涂一些辣椒，或让幼儿吃容易吞咽的流质食物。尽量保持进餐的愉快，最好不要禁止这禁止那，应该采取迂回的方式说明“这样吃更香”或“这样做会更舒服”，这比强硬制止更为奏效。

日常饮食与午后点心

由于两岁幼儿活动频繁，食量也增加，但食欲时好时坏，还不能一次吃很多。同时，外出的机会增多，有了朋友，见闻也多起来，开始知道还有过去父母没有给予过的食物，因此会主动地要求增加饮食，如点心或果汁类。

有时母亲会担心幼儿的食量不足，便通过午后点心来补充营养与热量。但如果每次说要就给，点心的次数增多后，反而使正餐时食欲降低。在这个时期，由于相对固定的饮食规律还未形成，特别是糖果、口香糖、巧克力等很甜的糖果类，会影响食欲，还会过量摄取糖分，这与两岁幼儿较常发生蛀牙等口腔疾病有着很密切的关系。午后点心的次数增多，口腔内残留含糖食物残渣，使口腔保持清洁的时间变短，这就是引起蛀牙的直接原因。

两岁的幼儿，已经开始懂得“等待”吃饭，如果宝宝表示还想要吃某种食物时，告诉他“已经没有了”，他是可以听懂的。按照规律的时间和固定的分量加餐，还能为幼儿的社会性打好基础。而且，请将点心时间充分利用，成为与正餐气氛不同的，并且是另一种与幼儿亲密接触、对话的时间。通过点心时间，适当地控制幼儿糖分的摄取量。只要妥善利用点心时间，多与孩子亲近，这样即使不给孩子甜食，也可以让孩子得到满足。对幼儿而言，“甜味”是具有很大诱惑力的，不要只因“糖对牙齿和身体有害”而完全禁止宝宝食用。由于幼儿已在一定程度上懂得一些道理，最好选择较好的时机，适当给予他们一些甜食。

刷牙的习惯

幼儿到了两岁，位于口腔最内侧、沟槽最为复杂的牙齿（第二乳臼齿）长出，而且糖果也吃得比过去多，所以两岁儿童的口腔比以前更容易脏污。因此，为了预防蛀牙，除了培养他们爱清洁的习惯外，还需要培养他们养成饭后刷牙的习惯。

虽然此时宝宝手的活动能力提高，能够自己紧握牙刷，但是还达不到顺利刷净口腔里侧和上颚牙齿的能力，想要清除牙齿上的污垢，还是需要父母帮助。由于宝宝是通过模仿周围的大人和兄姐以形成自己的生活习惯，所以请尽量让宝宝与家人一起刷牙并给予适当指导，让他们逐步掌握刷牙的方法。两岁的幼儿，因为手的动作还不太熟练，请不要性急，慢慢地教他们学会，饭后让他们自己拿好牙刷，在他们完成某些动作时，多给予他们一些称赞，让宝宝在开心的环境中，学习一些生活习惯。

两岁过后，幼儿进入了“第一反抗期”，有的幼儿会固执地坚持自己独立刷牙，对父母的帮助表现出反抗情绪，这是其独立性的表现之一。从幼儿身心发展的角度来看，这是好现象。因此，尽量不要压抑幼儿独立刷牙的欲望，也不要因为考虑到时间与效率，而自己动手快速地帮把宝宝刷牙。

蛀牙的出现，说明饮食生活有一定的问题了。如果饮食生活问题较少，即使在较长的时间内，让幼儿自己刷牙，也不容易出现蛀牙。刷牙时，请先让幼儿自己刷，然后检查他的牙齿，一边替他刷干净一边说：“妈妈帮你刷干净你自己没有刷到的地方”，如此逐步引导宝宝独立刷牙。

两岁宝宝的健康

因为孩子还不能自我照顾，因此要时常注意孩子的健康状况。必须先了解幼儿身体生长发育的情况、易患的疾病及容易出现的症状、体质健康的程度、食欲、睡眠、体温等常规的情况。

增进健康

希望幼儿健康成长，就必须先了解幼儿身体生长发育的情况、易患的疾病及容易出现的症状、体质健康的程度、食欲、睡眠、体温等常规的情况。根据这些情况，再进一步研究探讨要用什么方法来增进幼儿健康。

两岁幼儿不但能走路，甚至已经能跑步了，还能握球、踢球，有时甚至还能玩投球的游戏。母亲用球跟幼儿玩耍，可以锻炼幼儿跑步的能力。常到户外玩耍，通过反复重复简单的游戏，可以增强宝宝的体力。“运动”并不是非要进行体育活动才算，在户外与朋友一起玩耍，也可以达到同样的效果。爸爸、妈妈也应和他一起玩耍，一起玩耍的次数越多，不仅能增强孩子的体力，还能培养幼儿预防危险事故的能力。

增进健康的方法，不能只是依靠运动，让幼儿穿稍薄的衣物，也是非常简单而有效的方法。大家都知道，幼儿一般都很活跃，新陈代谢旺盛，体温比成人稍高。因此，幼儿可以比大人穿得稍微单薄一些。衣着较薄时，皮肤可接受寒冷的刺激，因而提高幼儿对寒冷的抵抗力，增强新陈代谢。寒冷的冬季一到，幼儿经常动不动就感冒了。但是，寒冷的气候正好能增进健康。在天气转好的日子里，尽量带孩子到郊外玩耍。因为寒冷的空气可以刺激上呼吸道黏膜，增强上呼吸道对寒冷空气的适应力，这是预防感冒既简便又有效的方法。

为了清洁皮肤，父母会常常为宝宝洗澡。其实洗澡与增进健康也是紧密相连的，借由洗澡来促进血液循环与新陈代谢，洗涤皮肤上的污垢，可以达到消除疲劳的效果，并有效预防皮肤病。特别是有湿疹的幼儿，皮肤的清洁尤为重要。

日光浴也是增进健康的方法之一，让幼儿裸身接受太阳光的照射，是最简单的方法。锻炼身体之后，应该好好休息。快活的玩耍后，让幼儿充分休息并补充水分及营养。在日光浴之后，返回室内休息也非常重要。

⬆快活地玩耍后，要适时给幼儿补充水分。

幼儿易患的疾病

幼儿最容易患的是各种传染性疾病。尤其幼儿到了两岁，到户外玩耍的机会、时间增多，患传染性疾病的概率也相对增加。如果有上托儿所，则是更容易患病。麻疹、腮腺炎、水痘等一定避免不掉。两岁以后的幼儿，由于情绪方面有显著的发展，就必须开始注意宝宝是否有这方面的障碍。有时虽然情绪障碍不太明显，但会伴随出现以下的身体症状，例如呕吐、腹痛、频尿等症状。

呕吐是较为常见的症状之一，通常神经质的幼儿，会由于精神紧张而引起呕吐，幼儿吐出来后，身体会较舒服、清爽一些。幼儿到了两岁，腹痛的概率也会急速增多，但一般都只是腹部疼痛。有时即使不是腹痛，也会嚷着“肚子痛”。而且神经容易紧张的幼儿常常说肚子疼，特别是肚脐周围的疼痛，称作“反复性脐疝痛”，并不需要特别治疗只要稳定幼儿的精神即可。还有一种“精神性腹痛”，由于过去腹痛时，得到母亲或保姆的细心照顾，幼儿有了这种良好记忆，因此当对自己不利的事情快要发生或已经发生时，就说自己“肚子痛”，期望得到大人细心的照料，让自己的精神得以放松。

由于体态的变化和行走姿态的变化，幼儿下肢的形态开始引起大家的重视，婴儿期不太明显的X型腿、O型腿急速增加。婴儿期X型腿是由生理原因引起的，但是随着走路逐渐熟练，行走的姿态便容易引起大人的注意。如果行走时极容易摔倒或者是两腿不听使唤，可能需要整形外科医生的治疗。如果没有什么特别的症状，到了四五岁就会自然痊愈。

另外，父母在怀疑幼儿患了某种疾病前，必须多进行观察。如果到了两岁，情况仍没有改善，最好到医院进行一次专门的检查。例如隐睾症，它是指男宝宝的睾丸没有进入阴囊内，这种症状一般会在两岁之前自动改善。如果到这个年龄睾丸还未进入阴囊的话，那就要接受专业医生的检查，否则会影响到睾丸的发育与生殖机能。这时应送宝宝到小儿科医生处进行检查，如果有必要的话，还得听一听泌尿科医生的意见，当然首先应该请小儿科医生检查。

幼儿的斜视，过了两岁也会大大减少。但是如果怀疑自己的宝宝患有斜视，最好找眼科医生检查。一般来说，大部分的内斜视都被称为“假性斜视”，随着幼儿的发育成长会自然痊愈。但多数外斜视就很难自愈。斜视不单单是仪容方面的问题，它还会影响到幼儿将来的生活，有时还会造成学习上的障碍，应当尽早治疗。

婴儿期的宝宝其呼吸声响通常较大，这种现象到了幼儿阶段会逐渐减少。但是，从这个年龄层开始，有些会逐渐转为气喘病儿。气喘病常由过敏引起，有时会突然出现呼吸困难。此时应尽量注意幼儿的体能锻炼，减少发作的次数。

预防接种

幼儿常常会经由他人感染病毒或者细菌而生病，尤其在外与小朋友一起玩耍的次数增多，发病的概率也相对增加。为了避免幼儿罹患这些传染性疾病，定期接受预防接种会有很理想的效果。宝宝到了两岁所需要接种的疫苗，只有日本脑炎第三剂一种。日本脑炎是一种病毒感染，经由猪牛媒介，由蚊子叮咬而传染。通常是3～9岁的儿童容易感染，但成人亦会得到。

健康检查的要点

幼儿到了两岁，身体发育速度比以前逐渐减缓，无论是体重的增加，还是身高的增长，都比一岁时有所减缓。但是，幼儿的运动体能和智能的发展速度却又非常明显。这是幼儿身体发育规律的重要特点，也是幼儿健康成长的重要指标。身体逐渐长大，也就是说身体的成长，与许多要素有密切关系。最具代表性的，可以说是营养与健康状况。

营养，当然与饮食摄取量和食物品质有关。幼儿到了两岁食欲还不固定，有时吃得多，有时又吃得少。这种现象也与幼儿精神发展关系密切，如果食欲不是过度不规律，则不需担太多心。当然，食欲不是唯一的标准，精力与情绪的好坏，也是衡量宝宝健康与否的重要标准。

幼儿如果生病，大多数疾病都会妨碍身体的发育。这是因为疾病本身在很大程度上直接抑制了身体的发育，还能间接地影响到幼儿的食欲，妨碍肠胃等消化器官的吸收及新陈代谢。

疾病治愈后，食欲大多会比以前旺盛。过去因患病而被妨碍的身体各部分的机能也会开始渐渐恢复，发育急速增快，尤其表现在体重方面。因此，两岁幼儿体重的增加也可以作为是否健康发育的判断标准，爸爸妈妈们可以定期测量并加以记录。健康状态的检查，必须每天进行。在家庭中，也许很少做到在固定时间检查。

其实我们不用把它想像得过分困难，只需要掌握幼儿的行动、脸色、食欲、睡眠、精力等情况，及时发现异常的变化并时常与医生保持联系即可。何况每一个幼儿都有他一定的症状或状态，只要仔细观察，即能完全掌握宝宝的健康状态。如果母亲或者保姆发现幼儿有异常状况，应立即且完整地告诉医生。医生再根据母亲或是保姆的描述，经由检查发现疾病，再制定治疗方案。这时有关幼儿在发育阶段的体质、发育状况等，也可以作为医生的重要参考资料，提高诊断和治疗的效果。因此，如果能每天坚持详细观察幼儿的状态，就能及早发现幼儿的异常。

常见的幼儿异常状态，会随着发育中的各个不同阶段而有所变化。一般幼儿易患咳嗽，但到了两岁以后，这种情况会逐渐消失。或许是幼儿的上呼吸道黏膜逐渐发育成熟的缘故，或者黏膜对寒冷刺激的抵抗力增强。像这种变化，在各方面都有新的表现，例如不再呕吐、不再腹痛等现象。这些变化都很重要，应该把过去常见的变化情况详细地告诉医生。

宝宝到了两岁的时候已经可以自己向母亲或保姆诉说疼痛。在这个阶段，往往是说“肚子痛”。此时有可能是真正感觉到腹痛，也有些是宝宝作为逃避他不想做的事情的借口。这种情况，也要告诉医生。关于幼儿身体是否健康的检查，并不是只有依靠医生才能做到。因为幼儿每天的健康状况，可以根据每天的生活来判断，详细观察宝宝身体有无异常，是妈妈或是保姆每天重要的“功课”。

两岁宝宝的运动

此阶段的宝宝在步行和手的活动方面逐渐行动自如，步行、奔跑可以提高宝宝基本的运动能力，跳远能促进平衡能力的发展。最好能尽量让宝宝大步行走、尽情奔跑。

步行平稳与手的操作

婴幼儿运动体能的发展，通常可以分为粗大运动和精细活动两部分。粗大运动是指步行、奔跑、跳远、单腿直立等全身运动与保持平衡的运动。宝宝到了两岁已经能够自由步行、奔跑，具备了较稳定的基本运动能力。到了两岁的后半年，开始对滑梯、秋千、三轮车等游戏性运动器具表现出兴趣。精细活动是指单手拿物品、堆积木、胡乱涂鸭等运用手指的细微动作。对于使用蜡笔、剪刀、筷子等与生活息息相关的用具，虽然还不太灵活，但可以试着让幼儿独立使用这些用具。

这个时期的宝宝，虽然已能步行，手也能自由活动，但是仍然介于动作不太灵活的一岁儿与具备基本运动技能、动作协调的三岁儿之间的过渡阶段。一岁幼儿常见的别扭动作，到了两岁会有相当的改善，但是尚不如三岁幼儿那么熟练、平稳。

一岁幼儿将精力集中于一件事情时，不管脚下是否平坦，都会直接往自己感兴趣的地方走去。然而，两岁儿比较不容易集中精神，时常突然改变主意，去做周围其他幼儿做的事，或者坚持自己的主见，对违背他意愿的人说“不要”。两岁幼儿什么都想“自己做”，但实践的能力还不够。

步行、奔跑

两岁幼儿已能步行得很好，步行姿态稳定、很少摔跤，还能行走较长的距离。虽然也能奔跑，但奔跑的动作还不够协调。这种情况会在六岁以前发生很大变化。奔跑时不能急速停下，并且方向的转变也不太灵活。

步行及奔跑可以提高幼儿的基本运动能力，跳远能促使平衡能力的发展。父母应尽量安排宝宝在公园或庭园内大步行走或奔跑。实际上，能够步行的幼儿非常喜欢户外活动，通过户外步行，幼儿的世界也一下子扩大了。探索行动的范围扩大，相关事物的知识增多，同时与朋友共同玩耍的机会也变得多了。此时的宝宝通过户外活动——步行、奔跑，充分体验、感受活动身体的快乐。但是，两岁幼儿还不大注意周围的情况，也不会注意自己与汽车之间的距离。因此，作为父母必须时时守护在宝宝身边，必要时能做出快速反应。

跳跃

宝宝自从会跑后，也就是一岁的后半年，开始会尝试跳上、跳下的活动。当然，一岁儿的动作还不灵活，常常出现双脚不能同时落地，屁股摔坐在地上的情况，到了两岁就比较行动自如了。

诱发幼儿做出蹦跳的动作的起因，也许是模仿父母、保姆、朋友的动作，或从电视上看到、突然发现等。蹦跳也是遵循“新学会的能力、反复实践、尝试”这一发展的规律。幼儿会反复地蹦跳，有时候从沙发上跳下来，不过常常会被家人制止。如果条件允许的话，最好让幼儿随意地蹦跳。当然，如果住的是公寓或高层建筑，当楼下住户有意见时，就不得不制止宝宝的随意蹦跳。因此，应多多安排幼儿到户外活动，可以在各式各样的场合让幼儿尝试向下跳，如低台阶、沙发或散步时路上的小坡，楼梯的最低一阶，都可以牵住幼儿的手，让他跳下。不管怎么说，往下跳对幼儿来说，是一种挑战，稍稍拿出勇气，跳下！这时反而会觉得非常满足。

有时幼儿会因为恐惧不敢往下跳，对于这些幼儿，可以牵住他（她）们的双手或支撑着他（她）们的腋下，让幼儿们觉得放心，再给予鼓励。不需要强迫他们往下跳，如果以他们放心的方式多跳几次以后，他们会开始想要自己跳。害怕往下跳的幼儿，多半是由于害怕身体做如此巨大的移动。大人们可以在平常带幼儿玩耍时，做一些把孩子举高、倒立等的动作，让幼儿不再感到害怕，逐步克服恐惧心理。

单脚独立

在两岁末至三岁初的阶段，宝宝能够做的另一项运动是保持单脚独立时的平衡。一开始单脚独立的时间不能维持太久，抬起来的脚会立即掉下，以后维持的时间会慢慢增加。单脚独立，表示幼儿的平衡机能有很大的发展。这也可以说是为单脚跳和两脚轮换、轻跳等游戏活动打下基础。

被动式的运动

幼儿非常喜欢与大人（父母、保姆）一起玩耍，特别是喜欢将身子剧烈晃动、旋转等自己做不到的运动。因为平时没有这样的体验，而且稍稍带点刺激。当然这样一起玩耍，对于父亲、母亲、保姆来讲，也会感到非常愉快、满足吧！例如握住幼儿双脚的脚踝，将其倒立；让幼儿双手向前支撑，弯腰、翻筋斗；模仿相扑运动员的游戏，发出可以开始的口令，两人双臂架住、一边使劲“嘿哟”，然后把对方扳倒、摔出去。

像这样被动式的运动，对于幼儿而言，是与大人愉快相处的机会，也是体验自己不能做到的姿势与运动的好机会。这些体验会成为幼儿自发进行运动的基础。例如，在大人帮助下翻筋斗的体验，使孩子了解到翻筋斗这项运动，渐渐地学会自己翻筋斗。不仅有这些直接相关的帮助，以及各种姿势、运动的体验，还可以在整体运动技能的培养方面发挥良好作用。

与幼儿进行这种游戏运动时，还有一个重要问题，就是不要让幼儿感觉恐惧，更不能勉强幼儿去做，游戏时应紧紧支撑幼儿的身体，或者放慢动作，在幼儿感到安全的情况下进行。

跳舞

幼儿从一岁左右开始，会随着电视上的幼儿节目或者舞蹈音乐而扭动身子，但是此时只是感受到乐曲的节奏而扭动身体。到了两岁以后，姿势会逐渐地与电视中的哥哥、姐姐的动作相吻合。虽然动作还不太连贯，但是可以大致记住旋律，偶尔还能连贯记得某一段。

运动器材——滑梯、秋千、三轮车

两岁幼儿，开始对滑梯、秋千、三轮车等运动器材表现出兴趣。玩滑梯时，能够登上阶梯以坐姿下滑，有时还会模仿其他幼儿，用腹部紧贴滑板滑下。可是两岁幼儿有时注意力不够集中，在爬阶梯的时候，也会有粗心踩空的时候。而且，幼儿们经常不依照次序排队，互相争着往上爬。有时遇到玩滑梯的小孩不多时，常常会等不及爬阶梯，在其他小孩想要往下滑时，就直接从滑板往上爬。看到宝宝有这种行径时，应该教育孩子依序爬队，避免推挤发生危险。此时的宝宝还不会自己玩秋千，如果大人从旁支撑幼儿的身体，帮助晃动秋千，孩子会十分开心。

两岁儿对三轮车也很感兴趣，虽然还不会踩脚踏板，而是双脚蹬地使之前进，而且无法灵活地转动方向。如果是小型三轮车，有些幼儿就能自己踩脚踏板。操纵三轮车需要眼睛确认行驶方向、双手操纵方向盘、双脚踩脚踏板，是相当高度协调的动作。因此可以积极引导幼儿多玩这类型的玩具，对幼儿运动机能的发展会有很大的帮助。

玩球

球类运动也是幼儿非常感兴趣的。在玩球的过程中，通过接球、投球、踢球、奔跑、拍球等动作，体验各种运动技能。根据研究，幼儿过了两岁后，对于正在滚动的球的动作，逐渐能判断球滚动的速度，使球停下并拿起来。当然，这种能力每个幼儿都有一定的差异。有些幼儿能够判断球滚动的速度使球停下；也有的幼儿会在球已滚过身旁才会跑过去追。幼儿掷球的动作，刚开始与其说是“掷”球，还不如说是走到对方身边将球放下来。到了一岁半至两岁左右，才会出现一手抬至肩上投球的动作。运动会上的投球比赛中，可以看到一岁幼儿是走到篮框旁边将球扔下，而两岁幼儿已大致有了投球的动作。会踢球也是幼儿到了一岁的后半期才会出现的情形。球有各式各样的类型与大小，父母可以准备一手就能握住和必须用双手才能控制住等几种不同大小的球给宝宝练习。

积木

两岁的宝宝已经能在头脑中描绘眼前并不存在的事物，这可以从幼儿的玩耍中反映出来。例如，幼儿过去玩积木时，只是把它简单地重叠并排、推倒，从中得到乐趣。到了两岁，就能将积木组合，构成“家”、“隧道”之类的形状。有的幼儿能将几个积木并列成“道路”，用手将玩具电车放在上面推动。进行这样的游戏，除了需要幼儿仔细观察，将想要堆砌的物体在脑中描绘之外，还需要手指做细微的动作和集中注意力。这种“组构物式”的玩耍，还有其他例子。如，在沙地上把沙堆成“山”、“蛋糕”等形状，或用黏土玩耍等。这个时期的幼儿还能用剪刀剪纸及灵活地运用汤匙。

绘画

到了两岁左右，绘画时手的移动也变得俐落，完全不会有过去胡乱涂抹的情形，可以自己画出漂亮的曲线。到了两岁左右，还能在已画好的圆圈内再画上小圈，渐渐画出“脸”或者“汽车”的雏形。这种情况说明幼儿已能在脑中浮现对事物的印象。从绘画动作来看，握铅笔和蜡笔的方法也会有引人注目的变化：

拳握式：小指朝下，手指握住铅笔（平均年龄为两岁三个月）。

抓握式：手腕向内，大拇指朝下，手指握住铅笔（平均年龄为两岁九个月）。

三指握笔：用大拇指、食指、中指三指握住铅笔。绘图时手离开纸面，移动肘关节来描绘（平均年龄为两岁六个月）。

成熟的三指握笔：用三指握笔。绘图时，小指贴住纸面，移动手腕关节和手指，与成人的握笔方法相同（平均年龄为五岁八个月）。

两岁幼儿大多是属于拳握式、抓握式这两种握笔法，但是个体差异相当大。这种个体差异或许是由于握笔经验不同而引起的，不必过于大惊小怪。

两岁左右，绘画时手的移动变得利落，可以自己画出漂亮的曲线，还能在已画好的圆圈内，再画上小圈，渐渐画出“脸”或者“汽车”的雏形。

到了能使用铅笔或筷子时，大人就很容易教他们成人的握笔方法。虽然让他们体验如何更轻松握笔是很有必要的，但对于只有两岁的幼儿，不必严格要求他们掌握正确的握笔方法，而是首先要设法满足他们使用用具的欲望。

培养两岁宝宝的运动技能

两岁幼儿已能自由步行，动作也明显不再笨拙，手指也能够进行相当程度的细微动作，而且对周围所有事物都充满兴趣，想靠近、观察、尝试。而且懂得坚持自己的主张，积极发挥自己的能力，是名副其实的“小挑战者”。

也因此，两岁是父母时刻操心、一刻也不能离开守护的时期，不知不觉地，母亲制止或训斥幼儿的次数增多了。在安全方面，尤其必须特别小心，避免孩子受到严重的伤害。但也不能有些许的擦伤就感到大惊小怪，只要在避免幼儿受到严重损伤的前提下，给予幼儿充分发挥运动潜能的空间。走路、奔跑、蹦跳等都是幼儿们喜爱的运动，何况不断重复新学会的运动对幼儿来说是必要的。

两岁幼儿们想独自做一些诸如拿碗、往杯子里倒入牛奶等事情。虽然幼儿的动作已不太笨拙，但控制动作的能力与注意力仍嫌不足。因此，偶尔会有把杯子打翻、弄洒牛奶的现象出现。此时大人应尽量给予幼儿练习的机会，让他通过这些失败的经验锻炼自己的能力，提高动作技巧。尽量不要制止幼儿自立欲望的发挥，只需在旁仔细守护即可。

两岁宝宝的营养与饮食

培养幼儿良好的吃饭习惯，不仅可以控制饮食量，也能使双方心情保持愉悦。定时定量最重要，好的饮食习惯才能让宝宝健康成长。

必需的营养与饮食量标准

幼儿到了两岁的阶段会变得非常好动，还会预先考虑自己的行动。如果行动起来不像自己所希望的那样顺利的话，还会发脾气，并且拒绝接受父母的意见，有自我独立的主张。这就是所谓“反抗期”的开始。幼儿在这段时期的饮食生活中，这种情绪会以各种各样的方式表现出来。但是，如果父母总是压抑宝宝的这些反抗行为，就会影响幼儿自发地去完成事情的欲望；相反地，如果过度放纵，也会使幼儿变得没有自制力。因此，作父母的应巧妙地抓住幼儿这个时期的心态，借机培养宝宝良好的吃饭习惯。

我们成人每日所摄取的营养，大部分用于维持生命运动，比起幼儿期来，身体发育逐年减慢。幼儿期内，每天摄取的营养有三分之一是用于生长发育。但是，这个营养标准，只是以幼儿的平均体重为前提所订定的。在实际生活中，每个幼儿所需的营养不尽相同，即使是同一年龄的幼儿，其体重与活动量也各有差异。因此营养标准对每一个幼儿来讲，并不是绝对值，不必过于拘泥，父母可根据幼儿的食欲情况，采取灵活的搭配方式。但是，如果有一套以营养标准量作为安排幼儿饮食计划与制定食谱的标准，就十分方便了。

适当给予午后点心

午后点心每天应在固定的时间给予幼儿一次，点心的量与内容，要根据当日幼儿的食欲与活动量来决定。如果三餐已充分摄取营养或当日运动量较少时，可以只给他们补充富含水分的果汁、水果、牛奶之类的饮料，并让幼儿适当休息就可以了。

午后点心对幼儿来讲，是饮食生活中重要的一部分。但稍不加以重视，便容易忽略它在营养方面的作用，而过多地给予幼儿糖分。请避开味浓、添加香料的食品，尽量选择不含糖精、色素等添加剂的食品。幼儿喜好的巧克力、糖果、奶油蛋糕、日式糕点、各种清凉饮料、乳酸菌饮料等甜味食品，所含热量很高。不仅容易使幼儿对其他食物没有食欲，而且也容易导致蛀牙。在宝宝两岁以前，尽量不要让他食用这些味道浓的食品。

为了长久保护幼儿像珍珠般光洁闪亮的牙齿，要特别注意幼儿午后点心的摄取方法，并且在幼儿吃完饭后指导他们喝水或是刷牙。不规则或频繁地食用午后点心，不仅会引起蛀牙，还会导致食欲不振，打乱宝宝的饮食习惯，从而损害健康。有调查指出，大多数出现原因不明的不适感（身体没有明显的疾病，但出现头痛、腹痛、容易疲倦等症状）的幼儿，从午后点心中摄取的热量比较高，也就是占了日总摄取量的37%以上。

培养良好的饮食习惯

幼儿到了两岁，变得开始想用手拿饭桌上的食物，用手抓食物吃，积极地想尝试自己独立进食，却往往把饭菜弄翻。因此，吃饭时需要周围的亲人给予一定的帮助。但是，有时幼儿也会因为周围亲人的帮忙而发脾气，不能顺利地吃完一顿饭。在这种情形下，大人拥有耐心就非常重要，并要巧妙地抓住机会，教他进食的方法。与过分干涉幼儿的进食来培养其餐桌礼仪相比，培养他们独立进食的习惯更为重要。

到了两岁半左右，幼儿已能熟练地握住汤匙和叉子，也能够用筷子夹面条吃。但是，不需要强求他们注意握筷子的方法或用正确的方法握筷子。过分强调这一点，会令幼儿感到麻烦而失去对吃饭的兴趣。大约等幼儿到了三到五岁，再教他们正确的握筷方法，他们通常很快就能掌握。

两岁半到三岁时期开始，宝宝正处于反抗期，常常会在吃饭的问题上出现各式各样的麻烦。在母子相互信赖的基础上，尽量减少训斥、禁止等教育方法，可以说是培养幼儿养成良好习惯的诀窍。

幼儿在饮食中，必然会出现一定的偏好。当幼儿对食物表示好恶时，其表现的程度与时期以及食品的种类有很大的差异，很难确定是否偏食。不要过分操心如何为幼儿选择食物。勉强让幼儿吃某种食物，或者改变烹调方式让幼儿吃某种食物，反而会助长幼儿的厌恶情结，倒不如准备好各种食物，让幼儿自由地发挥，如此还能有效地避免偏食。

食欲不振

幼儿在两到三岁时，常常会出现吃得很少，食欲不振的现象。随着年龄的增长以后，这种情形会逐渐减少，据说十人之中只有一人容易出现上述情况。正如成年人也会出现时而食欲大增，时而茶不思、饭不想的情况一样，幼儿的食欲也会有它特有的波动。其中有一生下来就对食物兴趣较小的先天性食欲不振，但大多数还是与许多母亲神经过分紧张，对育儿没有自信或者对幼儿期待过高、过分关心有关。

食欲减少的原因，首先要确定是不是内分泌失常、感冒等疾病引起的。但是造成食欲不振的原因，多半是由疾病以外的因素所引起的。

第一个原因是，母亲吃饭时的态度与育儿方法有问题。我们经常遇到认定宝宝吃得太少或食欲不振的母亲，完全不理会幼儿的态度与心情，一味强迫他们进食。吃饭时，尽量安排一家人聚在一起，当幼儿开始边吃边玩时，作父母的可以将吃饭时间控制在30分钟以内，比起强迫幼儿进食来得更重要。其次是确认幼儿在吃饭时，肚子是否已经饿了，检视午后点心的分量是否适当，进食时间是否规律，以及果汁、牛奶类饮料是否喝得太多。

此外，还需要检讨幼儿的生活是否有规律，运动量够不够，并在烹调食物和装盘时多下一些功夫。比如，幼儿喜欢色彩鲜艳、形状可爱的物品，妈妈们可尝试变换食物的色彩，创造新的切割刀法，来引发小宝宝的食欲，偶尔让孩子与朋友一起吃饭，改变一下用餐气氛，或许会对幼儿食欲的增加有所帮助。

适合：2 岁以上的宝宝

金枪鱼土豆饭团

材料

白米饭 40 克
金枪鱼 15 克
土豆 20 克
上海青 10 克
蛋黄 1/2 个
食用油适量

做法

1 金枪鱼、土豆、上海青洗净，分别处理后切碎。

2 锅中放少许油烧热，加入打散的蛋黄、金枪鱼、上海青炒熟，再放入土豆和白米饭拌匀，起锅放凉后，捏成饭团即可。

适合：2 岁以上的宝宝

南瓜煎芝士

材料

南瓜 20 克
土豆 15 克
芝士 1/2 片
蛋黄 1/2 个
面粉 15 克
食用油适量

做法

1 南瓜、土豆、芝士洗净，分别处理后切碎。

2 将所有切碎的食材和蛋黄倒入大碗中混合均匀，再加入面粉搅拌均匀。

3 锅中放少许油烧热，把面糊做成约 7 厘米的圆饼状，煎熟即可。

适合：2 岁以上的宝宝

鸡蛋水果饼

材料

土豆 50 克
西红柿 15 克
苹果 50 克
香蕉 20 克
鸡蛋 1 个
配方奶粉 15 克
食用油适量

做法

1 土豆、西红柿、苹果、香蕉洗净，分别处理后切碎。
2 鸡蛋打散，加入奶粉混合均匀后，再加入所有切碎的食材拌匀成蛋糊。
3 锅中放少许油烧热，倒入拌匀的蛋糊，煎熟即可。

适合：2 岁以上的宝宝

鲜鱼芝士烤饼

材料

白肉鱼 30 克
土豆 40 克
西蓝花 10 克
葱花 2 克
芝士 1 片
面粉 15 克

做法

1 鱼肉、土豆、西蓝花、芝士洗净，分别处理后切碎。
2 所有切碎的食材混合均匀，再加入葱花、面粉搅拌均匀。
3 将面糊用汤匙舀到烤盘上，放入烤箱以 160℃烤 10 分钟即可。

适合：2 岁以上的宝宝

鱼肉馄饨汤

材料

鱼肉泥 50 克
馄饨皮 6 张
韭菜末适量
葱末适量
海带高汤 170 毫升

做法

1 鱼肉泥加韭菜末拌匀成馅料，包入馄饨皮中。

2 锅中加入海带高汤煮滚后，放入包好的馄饨，煮至馄饨浮起时，撒上葱末即可。

适合：2 岁以上的宝宝

菠菜意大利面

材料

意大利面 30 克
菠菜 20 克
白酱 120 克

做法

1 将意大利面放入滚水中，煮熟后捞起沥干；菠菜洗净，烫熟后切碎。

2 锅中放入白酱加热后，加入意大利面和菠菜，拌炒均匀即可。

适合：2 岁以上的宝宝

豆皮菠菜饭

材料

白米饭 40 克
豆皮 3 片
菠菜 20 克
胡萝卜 10 克
芝士碎末 20 克
食用油适量

做法

1 豆皮、菠菜、胡萝卜洗净，分别处理后切丁。

2 锅中放少许油烧热，加入所有切丁食材翻炒均匀，再加入白米饭和适量水熬煮，最后放入芝士碎末拌匀即可。

适合：2 岁以上的宝宝

南瓜虾仁炒饭

材料

白米饭 40 克
虾仁 5 只
南瓜 15 克
胡萝卜 5 克
豌豆 3 颗
高汤 45 毫升
食用油适量

做法

1 虾仁、南瓜、胡萝卜、豌豆洗净，处理后烫熟切碎。

2 锅中加少许油烧热，放入所有切碎食材炒香，再加入高汤、白米饭翻炒均匀，炒至汤汁略干即可。

适合：2 岁以上的宝宝

金枪鱼丸子汤

材料

金枪鱼肉 40 克
墨鱼 10 克
鸡蛋 1 个
葱花 2 克
面粉少许
高汤 170 毫升

做法

1 金枪鱼肉、墨鱼洗净，分别处理后切丁。

2 鸡蛋打散，加入金枪鱼肉、墨鱼、面粉搅拌均匀，揉成丸子状。

3 锅中放入高汤煮滚，加入丸子煮熟后，撒上葱花即可。

适合：2 岁以上的宝宝

肉泥洋葱饼

材料

猪肉泥 20 克
面粉 50 克
洋葱末 10 克
葱末适量
盐适量
食用油适量

做法

1 将猪肉泥、洋葱末、面粉、盐、葱末与适量的水拌匀成面糊。

2 锅中放少许油烧热，用汤匙舀入面糊，整成小圆饼状，煎熟即可。

适合：2 岁以上的宝宝

清蒸豆腐丸子

材料

豆腐 50 克
蛋黄 1 个
葱末少许
盐少许

做法

1 豆腐洗净，压成豆腐泥；蛋黄打到碗里，搅拌均匀。

2 豆腐泥加入蛋黄液、葱末、盐拌匀，揉成豆腐丸子，放入蒸锅中，蒸熟即可。

适合：2 岁以上的宝宝

哈密瓜牛奶饼

材料

吐司 1/2 片
哈密瓜 30 克
菠菜 10 克
鸡蛋 1 个
配方奶粉 15 克

做法

1 哈密瓜洗净，去皮和籽后，切成 1 厘米大小；吐司切成 1 厘米大小；菠菜取用嫩叶，洗净、焯烫后切细。

2 鸡蛋打散，加入奶粉拌匀，再加入所有切好的食材混合均匀，蒸熟即可。

适合：2 岁以上的宝宝

鸡肉花生汤饭

材料

白米饭 40 克
鸡胸肉 15 克
上海青 15 克
秀珍菇 10 克
蘑菇 10 克
剁碎的花生 15 克
鸡肉高汤 45 毫升
食用油适量

做法

1 鸡胸肉、上海青、秀珍菇、蘑菇先煮熟，再切成 1 厘米大小。

2 锅中放少许油烧热，加入所有切好的食材炒熟，再加入白米饭和鸡肉高汤煮滚后，撒上碎花生即可。

适合：2 岁以上的宝宝

香蕉蛋糕

材料

香蕉 40 克
海绵蛋糕 30 克
蛋黄末 10 克
配方奶粉 15 克

做法

1 香蕉去皮，磨成泥，再加入蛋黄末和奶粉混合均匀，再用筛网过滤；海绵蛋糕剁碎。

2 将所有食材混合拌匀，倒入凹型模具中，放入烤箱烤熟即可。

适合：2 岁以上的宝宝

红薯板栗饭

材料

白米饭 40 克
红薯 15 克
胡萝卜 10 克
板栗 1 颗
黑芝麻 5 克
食用油适量

做法

1 红薯和胡萝卜洗净、去皮，切成丝状；煮熟的板栗切成 7 毫米大小。

2 锅中放少许油烧热，放入红薯、胡萝卜、板栗炒熟后，加入白米饭和适量水煮滚，最后撒上黑芝麻拌匀即可。

适合：2 岁以上的宝宝

菇菇味噌汤

材料

土豆 20 克
金针菇 20 克
丁香鱼 10 克
白菜心 15 克
葱花 2 克
味噌 2 克
小鱼干高汤 170 毫升

做法

1 将土豆、金针菇、丁香鱼、白菜心处理后，切成 1 厘米大小。

2 锅中放入小鱼干高汤和味噌煮滚，再加入所有切好的食材，煮至熟软，最后撒上葱花即可。

适合：2 岁以上的宝宝

什锦稀饭

材料

白米饭 50 克
茄子 20 克
西红柿 50 克
土豆泥 10 克
肉末 5 克
蒜末少许
海带高汤 90 毫升
食用油适量

做法

1 茄子洗净、切碎；西红柿洗净，去皮后切丁；肉末加入土豆泥，拌匀。

2 锅中放少许油烧热，加入蒜末、茄子、西红柿、肉末土豆泥炒香，再加入白米饭和海带高汤煮滚即可。

适合：2 岁以上的宝宝

鲜虾花菜

材料

花菜 40 克
虾仁 10 克
高汤适量

做法

1 花菜洗净，煮软后切碎；虾去肠泥后洗净，煮熟后剥壳并切碎。

2 锅中放入高汤煮滚，再加入虾仁、花菜拌匀即可。

适合：2 岁以上的宝宝

金枪鱼蛋卷

材料

鸡蛋 1 个
金枪鱼 20 克
胡萝卜 10 克
菠菜 10 克
食用油适量

做法

1 金枪鱼、胡萝卜、菠菜洗净，分别处理后切丁。
2 锅中放少许油烧热，放入所有切丁食材炒熟，盛起备用。
3 原锅再下少许油，将鸡蛋打散，倒入蛋液，煎成蛋皮，放入炒熟的食材卷起来，切成小段即可。

适合：2 岁以上的宝宝

蘑菇豆花汤

材料

蘑菇 30 克
豆花 50 克
木耳 10 克
姜末少许
盐少许
高汤 100 毫升
食用油适量

做法

1 蘑菇、木耳分别洗净、切碎。
2 锅中放少许油烧热，加入姜末爆香，接着下蘑菇、木耳翻炒，加高汤煮滚，再加入豆花焖煮 3 分钟，最后加盐调味即可。

适合：2 岁以上的宝宝

芥菜蛤蜊味噌粥

材料

白米饭 20 克
芥菜 30 克
蛤蜊肉 20 克
味噌 2 克

做法

1 将芥菜洗净，切碎；蛤蜊肉烫熟后切碎；味噌加少许水调匀。

2 锅中放入适量水和白米饭，熬煮成白米粥，再加入芥菜和蛤蜊肉，煮至熟软后，加入调匀的味噌即可。

适合：2 岁以上的宝宝

豆腐肉丸

扫一扫！

材料

豆腐 200 克
莴笋 200 克
猪绞肉 200 克
洋葱 20 克
蒜末适量
葱花适量
生粉适量
酱油适量
盐适量
食用油适量

做法

1 洋葱洗净，去皮后切丝；莴笋洗净，切丝。

2 豆腐捣碎，加入猪绞肉、葱花、生粉、盐搅拌均匀，捏成丸子状，放入油锅中炸至金黄，捞至铺有莴笋的盘中。

3 锅中放少许油烧热，爆香蒜末、洋葱，加入酱油和少许水，煮滚后淋在肉丸上即可。

适合：2 岁以上的宝宝

米苔目汤

扫一扫！

材料

猪绞肉 5 克
胡萝卜 10 克
芹菜 5 克
马蹄 5 克
大骨汤 75 毫升
米苔目适量
盐少许
食用油适量

做法

1 胡萝卜洗净，去皮后切丝；马蹄洗净，去皮后切丁；芹菜洗净，切小段。

2 热油锅，放入猪绞肉炒香，再放入胡萝卜、马蹄、芹菜拌炒均匀，接着放入大骨汤和米苔目煮滚，起锅前加盐调味即可。

适合：2 岁以上的宝宝

小饼干

扫一扫！

材料

低筋面粉 240 克
奶油 100 克
白糖 55 克
鸡蛋 1 个
盐少许

做法

1 奶油隔水加热融化；鸡蛋打散。

2 奶油中加入白糖、蛋液、盐搅拌均匀，分次加入面粉拌成面团。

3 在桌上撒一些面粉，将面团擀平，用模具压出形状后，放到烤盘上。

4 烤箱预热至 160℃，放入饼干面团，烤 18 分钟即完成。

Part 6
两岁宝宝的教养

两岁宝宝的表达能力大大提升了，因为与父母、朋友之间共通的东西逐渐增多，通过语言交流的能力得以提高，且开始能组合脑海中的各种印象，理解能力提高，因此必须让孩子进行各种愉快的体验，这样有助于智力的发展。这个阶段是宝宝最喜欢模仿人的时期，这种模仿对宝宝的成长非常重要。此外，当宝宝说“我自己来”时，请让他独立尝试。拒绝与反抗是宝宝成长中的必经阶段，做父母的无需生气，对孩子切勿情绪失控，但虽容忍，必要时还是要严肃告诫。“风暴”总会过去，请为宝宝创造幽默、轻松愉快的生活环境。

两岁宝宝的智力发展

不管是语言，或是情绪，两岁幼儿的表达能力已逐渐成熟，交流的能力提高许多，表示其智能发展也开始快速起来。

两岁宝宝的智力特征

两岁这个阶段，已经是熟练使用一岁阶段出现的符号、印象的时期。幼儿们能在头脑中浮现各式各样的印象，并且将这些印象进行组合、再建构，变成自己可以表达的形式，这些能力都是以语言和游戏为主而表现出来的。在表达印象时，与父母、朋友之间共通的东西逐渐增多，通过语言交流的能力得以提高，因此大人要专心倾听幼儿的言语，并给予恰当的回应，千万不要漠视幼儿想要说话的心，常常跟幼儿说话、聊聊天，或是说说故事，都有助于幼儿语言和智力的发展。

而且宝宝通过自己在周围的空间、场所的大量体验，以及运用印象能力的发展，可以把握空间世界，提高理解力，使再建构成为可能。除此之外，还开始对时间的流逝表示关心，对物品的形状、大小开始感到兴趣。

这种凭借过去的印象所表达的表象能力，是以宝宝在感觉和运动中有了与实际事物相关的体验为前提的。幼儿们在经历各种体验后，将留下的印象保存起来，在以后的游戏中将其再组合使之再现。此时，促使其再现、再组合的因素是体验此事时的愉悦与冲动，所以，让幼儿们愉快地进行各种体验十分重要，尽量让幼儿尝试各种生活中的经验吧！

印象组合与再建构

一岁的幼儿，最多只能将两个印象组合起来。但到了两岁，使用印象的能力（表象能力）逐渐发展，开始能够组合使用好几个印象。两岁幼儿的语言，从两三个单字逐渐发展至可以说出由许多单字组成的句子。从“爸爸”、“公司”发展至“爸爸在公司”，语言开始连贯。这说明，幼儿们已能在头脑中将三个事物组合起来。就这样许多印象组合起来，开始能够说出许多话来，同时也从这个时候开始，喜欢听有情节的故事了，幼儿们在听故事的过程中，一定也会在心中浮现出各种形象。

不仅仅是语言，幼儿的游戏也反映表象能力的发展。模仿某人模样的表象游戏，不仅仅只是片断性的再现某个场面，而开始具有连续性，内容也变得更加丰富。例如，再现（模仿）父亲吸烟的动作时，不只是将吸管当做香烟，将它送到嘴边吸，而是将吸管衔在口中，用小积木当做打火机点火，并且发出很舒服的“呼”声并做出吐出烟雾的样子。

到了两岁以后，玩布娃娃的游戏增多，这种游戏也反映出两岁幼儿的游戏内容逐渐变得复杂了。即使一岁幼儿也有抱着布娃娃睡觉的现象，但这充其量只是片段性地再现母亲的行动。

但是两岁的幼儿，玩布娃娃的游戏就有了连续性的动作，开始会一边说着："肚子饿了吧！现在妈妈来喂你。"一边轻柔地把布娃娃抱起，给布娃娃"喂"了饭以后，继续开始下一步——"好，喝完牛奶后就要洗澡了"等。男孩子喜爱的电车游戏内容也变得丰富了，诸如模仿站务人员剪票，模仿列车员广播"下一站是深圳车站"、"发车了"之类。这样，布娃娃游戏与过家家游戏，也成为将几个印象连在一起，构成有情节故事的游戏了。

两岁儿在印象构成能力方面，虽然还不及三岁幼儿，模仿游戏也只是在幼儿之间进行，但将印象逐渐连接的是两岁幼儿。将几个印象组合、再建构，继而再现的过程，可以说是与头脑中几个事项联系起来思考的智力工作。幼儿们在做模仿游戏时，不知不觉中进行着思考与将思考内容汇总的练习，如果说游戏会促进幼儿智力的发展，就是基于上述原因。

组合游戏——印象的再创造

两岁幼儿的表象游戏，令人感觉到不只是单纯的判断，而是将各式各样的片断印象组合起来，并加以再创造使之再现。最明确表现出这种再创造过程的即是游戏。两岁幼儿用积木、拼板组合成自己所想像的物体，将其运用于游戏之中。

男孩子用拼板组成自己所想像的物体，进行玩耍。比如用拼板做成一种东西，将它放在眼前，一边瞄准，一边发出"砰、砰"的声音，这是把它想像为手枪。女孩将积木堆积起来，很高兴地说："做好了。"如果问她："你做的是什么？"她会告诉你："这是我盖的家。"这些幼儿都是将过去对"手枪"和"家"的印象通过拼板和积木再度呈现出来。

绘画也是印象的再现。从两岁的后半年左右开始，宝宝大都能够很顺利地画出桥或者妈妈所提到的其他物品。快到两岁末时，还能在图中画两点，看起来像脸一样。绘画能力会随幼儿年龄的增长而熟练，幼儿想通过画画再现印象的行为，可以说是从两岁开始的。但是，要想提高幼儿们的创造组合能力，父母与保姆应当怎么做呢？幼儿在创造、组合的过程中，常常是全神贯注，因此，在这种情况下，旁边的父母或保姆最好是在远处看护，不要随便加以制止或是批评。如果幼儿要求帮助时，可以和他一起商量，并给予启示。

在幼儿说"我做完了"并向你展示时，你一定要表现得非常关心，并立即回应以"这是什么"、"做得真好"适时给予赞扬。通过这种方法引导，幼儿们的组合（再现印象）能力会逐步提高。刚开始旁人大多看不出两岁幼儿再现出来的印象，例如用拼木板组合成的所谓的手枪，但是看起来一点也不像；说是做"机器人"，还"嘎嘎"地操纵，却也不像机器人。但是，接近三岁时，组合出来的形体与想要组合的物体就有些相像了。如果是手枪就像手枪；如果是机器人，就像机器人。

将自己明了的印象，以别人也能看得懂的形式再现的活动，称为"印象的社会化"。通过印象的社会化，并且用共通的语言，可以使双方的交流快速发展。在模仿游戏中，双方拥有的共同印象会愉快地、持续地再现，所以说两岁幼儿正处在印象社会化成长的过程期。

周围世界的构造化

通常这个时期的宝宝已经能够长时间地行走，而且有了相当的体力，活动的范围也越来越大，经常离开家外出，进行各式各样的体验。

幼儿们还开始知道在自己的生活范围之外还有更大的天地。附近有超市、哥哥常去的幼儿园和奶奶的家的存在，这些场所形成各种印象，深深留在孩子们的记忆中，这些并非都是杂乱无章的，而是彼此之间有所关联。例如，出了家门走哪条路可以到达超市；走这条路可以到达幼儿园，或者去奶奶家需要坐火车等。也就是说以自己的家为中心，将去某场所的道路及交通工具的印象相互联系起来，形成对新场所的印象，幼儿们就是这样渐渐地把握住周围的空间世界，形成世界印象（空间印象），进行构造化。

因果关系概念的扩展

幼儿对于因果关系的理解，是从自身的摆动、敲打、拉动等行为中理解，并由此行为而产生的声音、移动等结果之间的关系而开始的。幼儿出生后至一岁的期间，开始能够理解自己的行动与眼前出现的结果之间的关系。出生后第二年，能够理解的范围逐渐扩大，但还是只局限于眼前的场所与现在发生的事情。

到了两岁能够把握的空间变得更为宽阔，而且幼儿在逐渐体验到时间的扩展与流逝后，能够理解与思考因果关系的范围也逐渐扩展。例如，如果能够掌握的空间与时间只是眼前的场所与时间，那么能够理解的因果关系也仅限于现在和目前的场所。

对时间流逝的理解

时间连续不断向前流逝，现在发生的事情，过了一段时间就成了过去的事情，也就是说，成了“刚才”或“昨天”的事情。而且“下次”、“以后”、“明天”，是不知道会有什么事情发生的将来。能够正确理解时间流逝的年龄是三岁过后。但到了两岁的后半年，也能听闻到幼儿有关时间流逝的言行。此时，母亲或保姆应该特别注意怎样使幼儿易于理解时间的流逝。譬如告诉幼儿明天的预定行程，早上起床后，告诉幼儿一天的计划等，或谈起昨天的事让他做一番回顾，效果也不错。

对形状、大小的关心

到了两岁，幼儿开始对物体的形状、大小等表示出关心，也逐渐能够比较出大小，判断出哪个较大了。通常在一岁末左右，宝宝就已经能够区分简单的圆形、三角形、四角形，将它们嵌入形状大致相同的空缺中。到了两岁，这种能力更加提升，能够注意到菱形、星形、五角形、六角形、梯形、椭圆形等形状的不同。

但是，比较大和小，能够判断出“这个更大”、“这个更小”，是要到两岁半的时候。或许是在这之前，对比较大小的体验，逐渐形成了“大”与“小”的概念，有时会说“爸爸真大”、“婴儿真小”等。在游戏中，能将一套玩具从大至小按照顺序排列。做父母的，最好能与幼儿做比较大小的游戏，促使幼儿们对大小的不同产生兴趣，使幼儿在日常生活中，就不知不觉地明白“大”与“小”的概念。

两岁宝宝的语言和表达能力

语言的发展提升了此阶段幼儿的表达能力，在对事物内容产生兴趣的同时，会有“这是什么”、“为什么”这种发问的方式，向对方提出问题。此时的大人要有与幼儿一起轻松地进行语言游戏的心情。

影响语言培养的因素

能够体会幼儿情绪和他说话的人，想要理解幼儿心灵的人，以及回答幼儿提问的人的存在，对于幼儿语言能力的培养是何等的重要！而且必须是与幼儿一起共同生活的人，其原因是要通过语言了解幼儿的心理活动，就必须跟他经常生活在一起，才能领悟到这种线索。幼儿的语言，不仅随着年龄的增长变得更为丰富，和成人一起做启发练习也是不可缺少的。在讲话时，顺应幼儿心理也很重要，这是理解幼儿语言基础的最基本常识。

语言的扩展——“这是什么”

两岁幼儿的特点是爱发问。尤其是两岁前后，会以多得令人厌烦的次数反复地问“这是什么”，幼儿会一个接着一个地问“这是什么”、“那是什么”，这表明幼儿开始对语言表现出强烈的兴趣。而这样的兴趣，可以使他逐渐了解新的语言，并将其变成自己的语言。

因此，请热情地接受宝宝“这是什么”、“那是什么”的发问，并郑重回答，这是培育幼儿语言的要点。通过反复问“这是什么”的问题而记住的单句，幼儿也会寻找机会，再次使用这个单句。

句子的扩展——“为什么”

过去，所有的事都顺从大人，对大人的话单纯地听从。但是宝宝现在开始会说“不”或采取反抗的态度。并且在成人与幼儿之间，开始有“为什么（必须这样做）”、“因为今天必须早些去，否则就赶不上，所以要赶快”之类的对话。事实上，常常问“为什么”，这也是“反抗期”的表现之一，也反映了成人对处于“反抗期”的幼儿不知是“为什么”的心情。有人很容易只根据“反抗期”这一说法，而将这种成人与幼儿之间的关系全盘否定。但是，还是由于有了“反抗期”，才会出现“因为”之类的复杂句子以及“为什么”之类的要求，回答以复杂句子的问题。

幼儿到了“反抗期”，大人会在不知不觉中增多了“快点吃”等命令与指示的语言，一般的命令、禁止句，都是简单的否定句形式，可以改用从属句式的说法——“因为要去奶奶家，所以今天要吃快一点，奶奶正在家里着急地等你”。所以，当你想要说命令式的句子时，可以多想想、多创造一些培养幼儿语言能力的机会，尽量变换说法，使语气缓和一些。不要否定或过度担心孩子在语言发展中的一切，比如口吃、说谎，应该宽容些，问题就会逐渐消失、减缓。

口吃的幼儿

据说患口吃的人，80%是从2～4岁开始的。但是，事实上，2～3岁的幼儿中，很多宝宝都会自然而然地以与口吃有些相似的语气说话。这是由于语言急速增多，想说出许多的话，但在面对对方时，说话的能力还不足够，所以不知不觉中变得有些口吃。但是，如果反过来思考，这也足以证明了幼儿想要掌握语言的意愿十分强烈。因此，这种现象是成长期中的正常现象，不需要过分地担心。

特别是双亲中有人患口吃，就会更加敏感。幼儿稍有点口吃，就容易对幼儿说：“慢慢地，再说一遍。”这样很容易让幼儿意识到自己的说话语气不自然。所以，即使是幼儿有些口吃或者正常说话时，都必须在一种轻松的气氛下倾听，这一点是非常重要的。

幼儿的“谎话”

“说谎话的孩子不是好孩子”，这是理所当然的事情。但是在幼儿语言的发展过程中，能够“说谎话”是一个非常大的进步。幼儿是在“现在”、“这里”亲眼见到实物的基础上开始说话，可是，将来就可以通过语言来表达“这里没有的事情”和“没见过的东西”等。语言的力量还在于能够通过它来表述一些想像的事物和从没见过的事情。说假话正说明了幼儿语言的发展更进了一步，能用“现在”、“这里”等表示具体情况的语言来叙述没见过的事情。当然也有一些假话为道德所不容，但是对“说谎话的孩子”，最好能以一种宽容的态度去对待。

用身体接触感知的世界

说到培养幼儿的说话能力，很容易让人将重点集中在语言上。但是，语言不能只依靠记忆，最好能让幼儿在真实体验的基础上，将它吸收为自己的语汇。特别是使用大量语言的两岁幼儿时期，要尽量创造让幼儿观察、触摸实物，再与语言相联系的机会。特别是近年来，幼儿实地去接触大自然的机会越来越少。像“蝴蝶”、“蜻蜓”等词汇，多数也只能通过看图鉴和图画书来学习。因此，有些幼儿会将“狗”解释为绒布狗或玩具。虽然词汇的数量增多了，但其内容仅限于图片或玩具这种抽象的印象，就无法使语言更丰富。

让幼儿在广阔的原野中尽情地奔跑，观察飞舞的蝴蝶，从而学会“蝴蝶”、“飞”、“奔跑”、“原野”等词汇。“海”与“河”这两个单词，也希望能在拍打着海浪的海边或将脚放入冰冷的河水中去体验。如果不能特地外出的话，也可以在阳台上放置花盆，试着养一些花草、蔬菜，这样一来，幼儿可以亲自触摸泥土，亲眼观察到花是通过发芽、长叶、开花、凋谢这一系列的变化过程，进而将“花”的模样深深地“印”在自己的记忆中。

此外，两岁幼儿本来就非常喜欢什么都要摸一摸、试一试。因此，请将不用的锅、铲子、化妆品盒、文具盒等集中放置，创造一个幼儿可以自由玩耍的空间。此类事情，乍看之下似乎跟语言没有什么关系。但是，丰富幼儿词汇最好的办法，不仅只是通过电视、图画书间接、轻松地教授，也应该让幼儿在直接接触事物的体验中逐渐丰富语言，这一点是不容忽视的。

手势、动作的表达

两岁幼儿的表达，一开始时，其内容仅限于以自己为中心所感知的小世界。如自己所持的物品，自己现在正在做的事和对自己有直接关系的事物等。而且，这些情况，大多只停留于向对方做片断式地表达，希望对方能够理解自己的想法，但又并不想以此为契机与对方扩大对话与交流。即使想要表达、传递某种意愿时，仍残留着“动作”作为建立朋友关系的方式，像用手指拉扯对方衣服等，也就是说，可以看出幼儿以依靠自己身体作为交流工具的单纯表达倾向。

两岁宝宝的表达能力

幼儿到了两岁的后半期，表达方式开始分化，并逐渐高级化。幼儿们为了表达自己的意愿，逐步学会新的表达方式。而且过去单纯是做游戏的活动，也逐渐加入了语言的表达。在开心敲打饭桌的过程中，注意到音色的特征与节奏变化等乐趣。有时会给它安上水管流水的声音，树叶飘落的情景，自己打滚的动作等，用带有韵律的语言表达出来。

在这种表达活动中，可以看出步入两岁阶段后幼儿想像力的发展。过去只能在与之相关的事物范围内进行思考的幼儿，变得能加入想像来进行表达。在想要扮作某物时，还能够模仿其神态和动作，并以此为乐的幼儿增多。开始会说出像“如果能这样，该多好啊”之类表达意愿情感的句子。他们将心中涌出的想像如实地表达出来，并且在表达的过程中又开始孕育新的想像。在将想像与自己所体验的知识相融合的过程中，幼儿们对事物的印象逐渐扩展。

表达能力的培养即是心灵的培育

随着语言的快速发展，两岁幼儿的语言表达能力有了很大的飞跃。对于这种飞跃，我们大人们首先容易将其看做是幼儿表达技巧方面有所提升，就形成了这样的观点：孩子已经能够明确地表达许多的事物。这样一来，大人就很容易去要求孩子表达得更多、更好。这个时期，幼儿们开始能够做出一些具有一定分辨能力的行为，我们大人们就开始教给他们一些日常生活中的礼貌用语。

说话、唱歌等技巧的提升，也是提高表达品质的重要基础。而且，还需要学习社会上普遍的、已形成惯例的各种表达方法。但是，如果父母只注意表面的表达方式，则不可能培养幼儿丰富的表达技巧。如今这个时代，人们被以电话、电视为主的各种传播媒体所包围，并在这种包围中度过每一天。而且，这种多样性的范围，将来应该还要再扩大许多。各式各样的表达形式，通过多种媒体充斥着幼儿们的生活环境：不同色彩、形状、声音以及富有各式内容的讯息，就好像是围绕在幼儿周围，刺激幼儿表达能力的成长。

对于所有的幼儿们来说，重要的是熟悉与习惯这些媒体，并培养他们能够熟练掌握这些媒体所传递的表达技巧。这样，幼儿们就能够找出符合新时代要求的、新的表达方式。但是，对于处在幼年时期的幼儿们，比这更重要的是拥有表达自己的感觉和运用身体活动来表达情感的机会，进而与他人进行直接交流，与朋友建立起友谊关系。还有，最重要的是如何培养他们具有丰富表达情感的内心世界。追根究底，表达能力的培养，就是心灵世界的培育。

两岁宝宝的生活教育

拒绝与反抗是宝宝成长中的必经阶段，做父母的无需生气，“风暴”总会过去，必须为宝宝创造幽默、轻松愉快的生活环境。此外，当宝宝说“我自己来”时，请让他独立尝试。

“自我”的萌芽时期

两岁幼儿的生活，可以说是愉快与摩擦持续交错的时期。此时的宝宝已经稍稍懂事，让他去洗手，就会听话去洗手；让他拿报纸给爸爸，也会拿来。但是，当你心想“毕竟已有两岁，可以轻松一些了”时，说不定什么时候，他又立刻判若两人变得不懂事，常常会因为父母不愿让他做自己想要做的事情而生气发火、哭闹不止。这真是令人头痛的年龄！因此，照顾幼儿的父母或保姆要确实掌握幼儿的心理，做到善于容忍，切记不要让自己情绪失控。有时更要以严肃的态度，阻止幼儿做危及身体安全或可能产生严重后果的举动。时常提醒自己在兼顾幼儿生活安全及维持幼儿心情愉快之间保持良好的平衡度。

对于两岁幼儿来说，这个年纪是既有独立尝试各种事物、到各处去的愉快时光，也有被大人禁止做想做的事或遭到训斥等沮丧的时候，是满足感与失落感不断交错的时期。特别是与最为信赖的母亲之间的摩擦频频增多，心情也容易变得不稳定。因此父母们必须充分体谅宝宝的心理变化。当幼儿情绪不稳时，就想“还是孩子嘛，所以不懂事”。幼儿情绪稳定时，就让幼儿独自玩耍，尽量保持幼儿生活的平静与心理平衡。

喜欢独立操作

在成人眼里，明确反映出幼儿开始自立的第一步，是在幼儿表示“独立操作”的意愿时。即使是让幼儿独立操作，他也还不能做得很让人满意。做事慢吞吞地且相当花费时间，会让大人们不由自主地想去帮忙，但是有时只要大人一插手，他们又会立刻大哭。当幼儿哭起来了，就让他按照自己的意愿重新再做一遍，这是抚慰幼儿最有效的方法。而明确地向幼儿道歉，也能平息这场“风波”。如果严厉地训斥他，那只能得到火上浇油的结果。如果时间紧迫，明明知道会让他哭泣，迫于无奈也只好在帮助之后向他道歉，否则会妨碍幼儿独立操作意识的发展。

虽说要自己来做，但也并不是指幼儿能自己做生活中所有的事情。每一位幼儿想独立做的事情并不相同，只是表现出“独立创作”的意志时，会相当有耐心地把事做完。父母亲不要因为觉得太慢而去制止他，即使花费较长的时间，也要尽量忍耐。幼儿会觉得自己不能独立完成时，就会说“帮帮我”、“我在这儿”等希望得到帮助的话，或以某种方式来表示以上的意愿，这时，我们就可以去帮助他。这个时期，在他不论做什么事时最好都保留充裕的时间，这样可以提前进入下一个行动。当然，请不要忘记以一种宽厚的心态对待他。

维妙维肖的模仿

从两岁左右开始，宝宝变得爱模仿起来。这种模仿对于幼儿来说，也是一种学习。用耳朵听周围的人说话，然后像鹦鹉一般学着说，从而进行语言的学习。生活行为也从模仿周围人的动作而逐渐熟练。因此，这个时期的模仿，是走向独立的第一步。第一个小孩会以父母为模仿对象，以下的小孩会以年龄相近的哥哥、姐姐为模仿对象。有趣的是，比自己年龄稍长的小孩是最好的模仿对象。在托儿所，经常可以看到两岁的幼儿仔细观察五六岁幼儿的行动，并模仿他的情形。

当然，朋友也会成为模仿的对象。有幼儿出现的电视节目，也可以被幼儿有效利用。与自己最亲近的动物有时也会成为模仿的对象。因此偶尔会出现如前文的纪录般模仿小猫的场面。通过巧妙的引导，将这种倾向用于培养幼儿良好的生活习惯。例如“过来和爸爸一起咕嘟咕嘟地漱口”、“过来和妈妈一起洗洗手”，并鼓励他说“好像大哥哥一样了”之类的话，会让幼儿十分高兴地去做。

但是，大人无意中所作的动作，也会被幼儿模仿。在这个时期，不能让幼儿学会的动作，大人要切记勿做。从成人眼里看来，两兄弟的动作、语言十分相似，或许就是在每一天的共同生活中，不知不觉互相影响的缘故。这种影响十分主观，因此，想要让幼儿养成良好的生活习惯，成人就必须做到以身作则。幼儿模仿的另一表现是想要“帮忙”。说是想要帮忙，其实是想自己做一做母亲或保姆正在做的事。真正做起来，可能会弄出许多麻烦事来，如此帮忙其实完全是某种尝试。

做父母的当然不希望幼儿做危险性的事情，但对幼儿来说，能和大人做同样的事是非常快乐的。最好在没有危险的情况下让幼儿尝试，如将鞋子收整齐，将筷子和碗并排放置等，一点一点地让幼儿尝试，他会慢慢做得很好。

排泄习惯的养成

两岁幼儿还不能独立完成大便、小便，教授他方法时，会跟着学习，但难免会有失败的情况。此时应尽量耐心地教导，让幼儿逐渐能独立排便。两岁前后的一段时期，幼儿会跟随母亲进入洗手间，这时不要生气，只要平静地告诉孩子：“妈妈会觉得害羞的。”如此，幼儿追逐着一起进入洗手间的这段时期会很快过去。在宝宝想要自己穿脱衣服的时期，最好准备幼儿容易穿脱的衣物，即使多花费一些时间，也要让幼儿学会独立穿戴衣物。刚开始只会戴帽子、扯下短袜、脱下短裤等。到了两岁六个月左右，就会将简单的上衣、裤子穿上。

午睡与夜晚的睡眠时间也会出现出较大的个体差异。有些幼儿需要充分的睡眠，而有些幼儿即使睡眠时间较短也无妨。睡醒时，有些幼儿一下子就清醒过来，有些幼儿则醒后情绪不好。因此，应仔细观察他生活的规律与必需的睡眠时间，尽量让他的睡眠具有规律性。在托儿所里，午睡时必须脱衣。如果是在家中，幼儿有时会在吃午饭时就开始打瞌睡，父母多半会让幼儿和衣睡下，有时会睡得满身大汗，起床后，要记得替他更换内衣裤。幼儿睡着时，开始出现手上必须握有某种物品或吸吮手指的情形，有的则需要父母在睡前握着幼儿的手，为他唱儿歌或讲故事直到他睡着。

不要打乱生活规律

到了两岁的后半年，因为幼儿已能完全听懂父母的话，父母总认为孩子会更加听话。可是，由于幼儿的“自我主张”日益明显。即使到了睡午觉的时间，孩子已经非常困倦，也会因为想看电视，和客人、朋友玩耍而坚持不去睡觉。偶尔如果从下午四五点开始睡，会一直睡到第二天早晨才起床，如此一来就打乱日常生活的规律。因此，负责照料小孩的大人们就应该掌握好安排家务活动的时间，尽量不要扰乱宝宝的生活规律。例如，将扫除、清洗工作延后，上午带宝宝到公园玩耍，充分活动身体，午睡时间一到就让他小睡一下，贴心地为宝宝营造规律的生活。

培养良好的社交礼仪

幼儿到了两岁，活动的范围急遽扩大，会被带去公园或购物场所。除了注意良好生活习惯的养成之外，还必须开始培养幼儿在公共场合应注意的礼貌。例如，如何度过等车的时间，不随意吵闹，不乱丢垃圾，不乱摸东西等。当然，还有遵守交通规则、穿越马路的方法等。不仅是为了安全，还可以培养其守规矩的精神。原则上，这也与基本的生活习惯相吻合，最重要的是成人应该以身作则，做好榜样才对。

此外，不要让幼儿整天待在家中，在培养幼儿建立人际关系方面，必须从现在开始让幼儿接触社会生活。只要幼儿不拒绝，就应该多带他去公园或购物场所，即使有些紧张也无所谓。由于幼儿是与母亲一起生活的，也会观察并逐渐习惯在社会中的生活。为了培养幼儿的社会性，应尽量避免让幼儿整天待在家中，闭门不出。

懂得各种约束

到两岁左右，幼儿在不知不觉间已形成并固定了与母亲共同生活的习惯。另一方面，随着自己能做的事情增多，一定会感受到各种约束也在增加。吃饭前必须将手和脸洗干净；吃饭时不能站立，必须坐着进食；不能吃别人盘中的食物；不能乱转电视机、电风扇的开关；不能一个人外出玩耍。与哥哥去玩滑梯，攀登阶梯时被要求依次排队；与大家一起玩赛跑游戏时，被要求并排站立，不能越线。生活中的各种约束真是太多了！但两岁幼儿大都能愉快地接受。或许是因为感受到融入社会生活的愉快，而对这些“烦琐”的事情不以为意。但是，对于幼儿来说，大多还不太理解为什么必须这样做。

所谓适应社会规范、培养“良好习惯”的教育开始具体化，即是：虽然用手抓取食物更为简便，却被要求用汤匙；进出室内外时，必须不厌其烦地穿、脱鞋子。对于危险、善恶的区别，也能经由身旁成人的反应而明白，懂得由观察父母的脸色来决定自己是否能继续或放弃做某件事。

另一方面，智能的发展也有进步，能大概懂得语言意涵的两岁幼儿，逐渐懂得一些“这样做会有什么结果”的因果关系了。所以，能够懂得“用脏手拿东西吃，肚子会痛”、“在路上四处乱跑会很危险”，但也不能因此完全放心，还需要父母亲的帮助与肯定。逐渐通过语言与体验，让幼儿懂得自己的行为意义也十分重要。有些事情在成人看来理所当然，在幼儿看来却很难理解，通常都是出于对父母的爱与信赖而全盘接受，希望父母不要忘记多关心、体贴幼儿的心理。

两岁宝宝的游戏

在这个时期，宝宝手脚的运动功能显著发展。通过自由玩耍，得到亲身体验，懂得游戏、玩耍的愉快。应该让幼儿尽情玩耍，对象不仅仅是同年龄的朋友，还可以让幼儿与不同年龄的朋友一起玩耍。

接触大自然

让孩子在大自然的教室中，尽情地探索与玩耍，不但能够让孩子心情愉悦，更能够进一步训练孩子手脚的运动能力。幼儿到了两岁，步行已非常稳定。以步行为基础，奔跑、攀登、滑动、下降、穿越、紧握、悬挂等手脚的运动功能显著发展。在这个惊人的进步时期，让幼儿自由地充分运动，通过各式各样的亲身体验，懂得游戏、玩耍的乐趣，逐渐培养想要自己行动的愿望与丰富的情感。

外出散步时，幼儿们总是向感兴趣的地方走去。看到台阶就一定要去走一下；见到的东西一定要去摸一下。如果看到斜坡或能爬的地方，都赶紧跑过去攀爬；如果有狭窄的缝隙，就想从缝隙中穿过。这时幼儿的主动性已开始萌芽，有的用臀部坐下往下滑；也有的不用手撑，快步向下冲，让在一旁看的人捏一把冷汗。其实在这个时候，如果真的快要摔倒，幼儿也能潜意识地让自己坐下或用手支撑。因此，不仅是在平坦的道路上，还可以让幼儿在路面起伏不平的广阔大自然中尽情游玩，进一步锻炼手、脚的运动能力。

接触附近的动物

外出散步时会遇到各式各样的事情，这对幼儿来说，也是一种真切的体验。看到小猫、小狗，就会发出“啊！小猫”的叫声并立即过去抚摸。如果小猫跑走了，就会拼命去追。也会用手指戳小猫的眼睛、扯胡须、用脚踏或者拉扯它的尾巴等。有时还会用脚踩蚂蚁，想把蚂蚁握入手中而不慎将它捏死；或是将小虫全部放入手中，握紧拳头捏死虫子等。这在成人看来，是非常残酷的行为，幼儿却是从这样多次反复的过程中学习如何与动物接触。不需要立即告诫幼儿“不准用脚踩”或“不能伤害它”，而是通过启发的方式——“小蚂蚁在做什么？”、“小蚂蚁的家在哪里？”、“小蚂蚁的朋友来了，它们再说什么呢？”这些问题都能扩展幼儿的形象思维。让幼儿认识到：小小的昆虫也有生命，它们和我们同样也有行为，让幼儿自然地养成不随便乱踩蚂蚁的习惯。

现今的家庭模式多是小家庭，很少会跟老年人一起生活，让幼儿体验身旁亲人去世或动物成长过程的机会几乎等于零。所以，尽量饲养一些动物，如果不能饲养动物，就多让幼儿与动物接触，体会生命的宝贵。

在污泥与泥沙中嬉戏

幼儿一到沙堆，就会立即脱下鞋子赤脚在沙堆中行走；捧起泥沙，让泥沙从指间滑落；在沙土中滚动，体验与泥沙接触的快乐。有时他们把沙子装入茶杯，然后压平做成布丁的模样；将沙子用铲子铲入容器，装满后将容器翻倒；用小铲子忘我地挖洞，将周围弄得全是沙子；同时还会堆起沙堆，一会儿跑上去，一会儿又把沙堆毁坏。在这些活动中，心灵似乎得到释放。如果沙子里有水，有些幼儿还会装作跳下去游泳的样子。这样，又发展为玩污泥，“啪嚓啪嚓”溅起泥浆，高兴地大声叫着，又蹦又跳。沙子、污泥和水，都拥有很好的触感，还能够让人随心所欲地变换形态，所以十分吸引幼儿。最好能让幼儿自由地玩耍，偶尔还用玩具扩展游戏范围，让幼儿体验丰富的创造力并拥有想像的空间。在体验到玩耍的乐趣之后，幼儿的想像力与手的活动技巧又会更加提升。

模仿游戏

到了两岁左右，脑中已能浮现出各式各样的形象。随着想像力的扩展，语汇数量的增多，非常喜欢与朋友按照自我想像的情形对话，进行模仿游戏。幼儿眼中所见所闻的成人举止、形象事物，都可以成为幼儿模仿游戏的素材。在经历各种体验的基础之上，虚拟各种形象或想像变成某种事物等，在游戏中充分表现出自己的想像力，孩子们的游戏内容也逐渐丰富起来。但是与朋友们一边对话一边游戏，则是到两岁半的后半年才开始的。

在过家家游戏中，幼儿扮作“父亲”、“母亲”、“婴儿”。扮作母亲的幼儿维妙维肖地模仿家中母亲的语调，像母亲那样系上围裙、摆弄菜刀，将“食物”盛入碟子里。饭勺、勺子、锅等过家家游戏的玩具，比起母亲在商店买的真的生活用品更受欢迎，在玩具以及成人的启发下，幼儿的想像不断地开展、变换，并无限扩展。

身旁的成人和环境对于体会说话乐趣的两岁幼儿的语言学习影响很快，而且学习物品的操作也是在这个年龄。母亲让幼儿亲自体验他们自己的兴趣，就会扩展其自我的世界。因为体会到能与母亲做同样的事情而兴奋不已，心灵也得到满足。通过模仿成人的语言、行动，开始想像并做“模仿XX”的游戏。在与朋友争夺玩具，由争夺而发生争执的过程中，逐渐意识到对方的存在，累积人际关系与社会体验。

在过家家游戏中，幼儿的想像不断地开展、变换，并无限扩展。

在家中的游戏

近来，只有父亲、母亲加上一两个孩子的小家庭逐渐增多。在家庭中幼儿大多时间是同母亲一起游戏、生活。在每个家庭中，父母都在思索“孩子将来能发展成什么样的人才”，并且按照这样的目标和方法来培养幼儿。自然而然，游戏的方法和使用的玩具就会有所不同，但它的共同点是，对幼儿来讲家庭是自己的自由世界，可以在高兴的时间里随心所欲地玩自己喜欢的玩具。虽然有时幼儿会被母亲带去邻居家、公园里玩耍，但与周围幼儿玩耍的时间相比，在母亲身边玩耍的时间要多得多。

两岁左右的幼儿在母亲身边，完全依赖母亲，感觉有了绝对的安全感后，才能够安静地玩耍。在家庭中，这种玩耍是在一种成人保护幼儿、幼儿被成人所保护的纵向关系中的玩耍。而在社会生活中，幼儿外出玩耍，有必要顾虑到交通事故等环境问题，能够让人放心自由玩耍的场所也逐渐减少。而且，标榜不生小孩的丁克族及不孕症等文明病的效应，幼儿也在逐渐减少当中，同龄或年龄相近的儿童共同玩耍的机会逐渐减少。目前幼儿群体的“游戏文化”的继承与发展慢慢出现困难。

在托儿所中的游戏

托儿所是从零岁至学龄前各年龄层的幼儿及各个区域地段的幼儿集中生活的场所。不仅仅是生活的场所，而且还是互相尊重人格与朋友在平等的立场上共同玩耍、游戏的场所。由于是集体生活，幼儿的一举一动都是互相影响的。

两岁左右的幼儿，会在玩耍过程中，突然发生争执。争执的原因大都是碰到了别人的身体，或被别人推倒了，争抢某物等。幼儿对于自己想要的东西，即使是朋友正在玩，也会“理所当然”地拿来玩。玩具被抢走的朋友会坚持地说：“这是我的”、“我在玩”，并上前去抓对方的脸、扯对方的头发，引起争执。但是，通过这样对玩具的争抢，他们也才能认知到与自己有相同欲求的对方的存在。所以，如果玩具被别人拿走也不吭声的话，就不会发生争执，正因为意识到大家是处于平等的地位而引起争执。

幼儿发生争执时，成人总是想尽快让他们平息。其实，如果没有危险，只需在旁看护就可以。发生争执以后，幼儿们又会在同样的场所，一起嬉笑打闹地玩耍。如果争执的一方退出，对方会最先注意到“小宝不见了”而四处寻找。孩子们一边发生争执，也会是一边共同玩耍的朋友。在托儿所当中，不同年龄的幼儿也可以交流。尤其是如果有年长的幼儿加人，小一点的幼儿会非常乐意地顺从年长者的话，很感兴趣地观察他们的游戏，学习他们之间的游戏方法。年长的幼儿把小伙伴的头发揉得乱糟糟的，或者推搡、拍打他们，乍看似乎是在欺负年幼的幼儿，其实是想与年幼的幼儿一起玩耍。

所以，在托儿所中，宝宝可以与能玩家庭游戏与托儿所游戏的不同年龄的幼儿一起游戏，也可以在同龄儿中玩耍。但是如果过分重视集体的一致性，就容易使幼儿失去各自的特性。在这样生机勃勃的团体中，只要保姆与幼儿之间形成了一对一的信赖关系，幼儿不就可以尽情玩耍，开展更丰富多姿的游戏生活吗？

Part7
宝宝的生活照护

刚出生的宝宝，其生活既不能自理也不会用语言来表达自己的需求，这时就要求各位父母能照护好宝宝的日常生活，以防他们生病。但说到照护宝宝的生活又不是那么容易的事情，稍有不慎就会让稚嫩的小宝宝受到伤害。本章将从生活的方方面面教会大家照护宝宝，使自家宝宝快快乐乐、健健康康的成长。

怎么样抱宝宝

抱着宝宝，感受宝宝心脏的跳动，对妈妈和宝宝而言都是最幸福的。但是，新手妈妈虽然很想抱刚出生的宝宝，有时却会因害怕伤及宝宝而作罢。下面让我们看看，怎样抱宝宝，才能让宝宝感到舒适。

双手抱宝宝

新生儿无法挺起脖子，所以不能用一只手抱宝宝。应该侧抱宝宝，用一只手托住宝宝的颈部，以防头部下垂。另一只手从宝宝的双腿之间穿过，托住臀部。抱还不能挺起脖子的宝宝时，要用手托住其背部、颈部和头部，以防颈部后仰。妈妈的肘部要垂直地贴着宝宝的背部。抱宝宝时，不要过于向一侧倾斜，这样宝宝才会感到舒适。以这种姿势抱宝宝时，可以随时观察宝宝的表情，并和宝宝对视。

宝宝俯卧时，可以将一只手轻轻地伸入胸部下方，另一只手深入到宝宝臀部下方，将宝宝翻身并靠近自己，然后抱起来。这时要注意防止宝宝头部下垂。

竖抱宝宝

竖抱并不适合还不能挺起脖子3～4个月的宝宝。出生不满100天的宝宝还不能下意识地挺起脖子，而且内脏的位置也不固定，容易引发各类问题，所以不适合竖抱或长时间地背着宝宝。竖抱时，可以将一只手放在宝宝的臀部上，另一只手托住其头部和颈部，让宝宝的脸贴在妈妈的肩上。竖抱是喝完母乳或牛奶后，促使宝宝打嗝的姿势。

单手抱宝宝

妈妈独自在家中做家务事，宝宝却要妈妈抱，这时该怎么办呢？答案是：一只手抱宝宝，另一只手做家务事。可是用一只手抱宝宝，要在宝宝能挺起脖子和腰部时才能这样抱。一只手抱宝宝时，可以用另一只手放在宝宝的臀部，让宝宝坐在妈妈的手臂上；用另一只手托住宝宝的腰部和胸部。妈妈可以随时换手臂抱宝宝，以减轻负担。

面对面抱宝宝

弯下身体，让身体与宝宝平行，再伸开双臂；一手托住头颈部，另一手从宝宝双腿间穿过、托起臀部。抱起时，要同时注意宝宝的背、颈和头，巧妙利用前臂的力量，使其呈一直线，避免宝宝头部后仰。将宝宝托抱至胸前时，肘部要尽量垂直贴着宝宝的背部，并以肩部和前臂沉稳地托承住宝宝头部。

趴睡中从颈腹托抱起

宝宝趴睡或俯卧时，可将一手伸入胸部下方，另一只手从两脚间穿过、五指微张、往前托住宝宝腹部。抱起宝宝时，要先将宝宝的背部贴在自己胸前，并微张双肘，以手臂托住宝宝头颈部，避免头部下垂。将宝宝翻身靠近自己，此时仍维持手臂承托宝宝颈部的姿势，另一手则绕至宝宝背后，改托住臀部。

帮宝宝换尿布

通常，宝宝一天要尿湿10～15块尿布。如果不及时更换尿布，宝宝的臀部就会溃疡，因此妈妈绝对不可以偷懒，要及时地更换尿布。下面介绍选择宝宝尿布的标准和清洗方法。

棉质尿布

对宝宝柔嫩的皮肤而言，最好的尿布就是棉质尿布。传统棉质尿布的透气性远超过纸尿布，不会使宝宝的臀部发生溃疡。棉尿布的缺点是，每次尿湿后都要进行清洗，并需要用沸水煮开消毒。另外，吸水性也较纸尿布差。

纸尿布

纸尿布的吸水性优于布尿布，宝宝小便时也不用经常换尿布。但是，如果过分信赖纸尿布的吸水性而不再关心宝宝是否小便，让宝宝过久地穿着被尿湿的布，就有可能发生臀部溃疡。

纸尿布的形状大致上可以分为“一字型”和“内裤型”两种。“内裤型”还可以分为接触式和穿戴式两种。“一字型”的价格比“内裤型”低廉，适合活动量少、小便量少的新生儿使用。小便量大、活动量多的宝宝最适合使用接触式“内裤型”纸尿布。选择接触式纸尿布时，要了解尿布胶带的使用便利性、透气性、大腿和腰部的弹性等因素。

帮男宝宝换尿布

男宝宝有时候会在刚刚解开尿布为他换尿布的过程中突然小便。因此，应用尿布贴着生殖器前侧，慢慢抽出尿布。

擦臀部时，要往肛门方向擦，要擦生殖器后侧和褶皱内侧，还要擦胯部，仔细且轻柔的帮宝宝擦拭干净，才能避免细菌感染。

帮女宝宝换尿布

女宝宝的生殖器和肛门很相近，只有擦净大小便才没有异味，而且也不会发生尿道感染。女宝宝的尿道容易产生细菌感染，因此应当从前侧向后侧擦。

穿尿布小秘诀

以单手抓起宝宝双脚，让宝宝臀部置于尿布中间上方；再次用湿纸巾先将婴儿下半身擦拭干净。

拍上爽身粉，或涂上婴儿专用护肤霜；让尿布贴紧后背，将尿布前片提至两腿间，调整尿布形状。

左右对称的固定尿布，若使用纸尿布，侧腰与纸尿布间应维持3～4根手指的空间，以免产生勒痕。

脱尿布小秘诀

铺上防水垫，一面和宝宝说话，先判断宝宝的大小便、分量，小心解开腰际两侧的尿布固定带。

遇上较难处理的软便，可用尿布未沾到的地方先擦拭臀部，进行初步清洁，再以湿纸巾进行二次清洁。

抬高宝宝臀部，将尿布从下方向腰部卷起，再利用尿布本身的黏贴，从两侧内卷固定。

哺喂母乳

喂母乳不仅能向宝宝传递母爱，还可以供应宝宝大量的营养，母乳中大量含有的锌及不饱和脂肪酸等营养素能够增强宝宝的免疫力，是宝宝最理想的食物。

母乳是优良的营养

母乳，可以很方便地给宝宝供应营养。特别是母乳中所含的蛋白质，比其他任何蛋白质都易于吸收。另外，较之其他的动物，人的大脑等中枢神经系统发育较早，因此，该阶段婴儿对乳糖的需求甚至胜过对蛋白质的需要。母乳中所含的乳糖成分能够促进大脑的发育，使宝宝聪明地成长。此外，乳糖能够促进肠道内双歧杆菌的生长，这种菌能抑制其他有害细菌的繁殖，预防肠病毒。母乳中所含的铁质比牛奶更便于吸收，因此喝母乳可以预防因缺铁而引起的贫血。

许多宝宝会罹患过敏、鼻炎、气喘等多种过敏性疾病。过敏通常是由牛奶蛋白质中所含的乳球蛋白所致，但是母乳中不含这种物质。因此，吃母乳长大的婴儿发生过敏的概率非常低。

如果出生后1小时之内喂母乳，就可以较早排出胎盘。此外，宝宝吸吮奶汁，能够刺激妈妈荷尔蒙的分泌，使子宫有效地收缩，止住产后出血。如果采用母乳喂养，那么因为怀孕膨胀20倍左右的子宫可以较快地收缩到怀孕前的状态。母乳喂养时，黄体荷尔蒙的数值将升高，进而抑制排卵，具有自然避孕的效果。

舒适的哺乳姿势

只有哺乳的姿势正确，才能防止乳头出现问题，使妈妈和宝宝都感到舒适。侧坐哺乳时，盘腿坐立，将1～2个枕头放在膝上托住宝宝，然后将宝宝的头部枕到手臂肘的内侧。这时在手臂上放置棉质毛巾，吸收宝宝吃奶时流下的汗水。让宝宝的胸部朝向妈妈的胸部是最好的姿势。将大拇指贴于乳房上侧，其他的手指托住乳房下方。用手轻轻地拨弄宝宝的嘴，待宝宝张开嘴后，把宝宝拉到胸侧，将乳头深深地送到宝宝的嘴里。宝宝吃奶时，最好让妈妈的腹部和宝宝的腹部紧贴在一起。妈妈用手臂托住宝宝的身体，用手托起宝宝的头部和颈部，使他处在妈妈的腋窝下侧附近。

哺喂母乳的方法

轻松抱起宝宝，一手支撑住宝宝头部，一手托住臀部，轻触宝宝脸颊，做好哺乳的准备。

垂直将乳头塞入宝宝口中，把乳头放在宝宝的舌头上方，每隔5分钟换左右乳头，共15～20分钟。

食指压住乳晕位置，轻轻拔出乳头；或将小指伸入宝宝口腔内，诱使宝宝张嘴，以免被吸吮力道所伤。

喂宝宝喝奶

无法进行母乳喂养的妈妈必须喂给宝宝最接近母乳的奶粉。下面，让我们来了解有关喂配方奶的知识。

喝多少配方奶

通常，每千克体重可喂160～180毫升左右的牛奶，但实际喂食的量因人而异。特别是新生儿，由于尚未养成哺乳规律，所以宝宝想吃多少就应当喂多少。通常出生一个月后会养成喂养规律。

让宝宝打嗝

喂奶后不能忘记的一件事就是让宝宝打嗝。只有透过打嗝排出吃奶时一起吸入的空气，宝宝才不会吐出牛奶。喂完牛奶后，可以将宝宝直立，让宝宝胸部接触到妈妈的肩部，然后轻轻地抚摸宝宝的背部，让宝宝打嗝。

让宝宝打嗝的方法

用肩部托住宝宝身体，让宝宝头部轻靠肩头，一手拍背，另一手托住臀部，轻轻抚拍。一手托住宝宝背部，一手抱住胸口，让宝宝坐在大腿上。颈骨较硬的宝宝，可以让宝宝趴卧在双腿上。

冲调营养均衡的奶粉

冲调奶粉时，最重要的是妈妈的手必须干净，因此妈妈在冲奶粉前要洗净双手。将煮沸后温度降至40～50℃的水倒入洗净并经过消毒的奶瓶中，水量是宝宝奶粉量的二分之一左右。不同种类的奶粉冲出的牛奶量也不同。一汤匙奶粉，有些可以冲成20毫升，有些可以冲成30毫升。一汤匙奶粉冲成20毫升或30毫升是指水和奶粉合起来为20毫升或30毫升。

用奶粉专用汤匙取出适量的奶粉倒入装有水的奶瓶中，盖上盖子轻轻地摇晃以溶化奶粉，然后再倒入适量的水。当开启或接触奶嘴的盖子时，注意不要用手直接碰触。用于取奶粉的汤匙在使用后不要放入奶粉罐中，而应当清洗后单独保管。冲调奶粉的水最好使用煮沸后的温水。此外，要特别注意，如果妈妈患有感冒，就必须戴上口罩再泡牛奶。

冲配方奶的方法

配方奶的浓度，会影响宝宝的吞咽情况及奶嘴出奶的流畅与否，平匙是最基本的测量单位。准备40～50℃的温水，先在奶瓶中倒入一半，舀入奶粉之后，再添加另一半的温水。将冲泡好的配方奶滴在手肘内侧，感觉微温即可。尤其是新生儿，配方奶的温度约在38℃左右。

帮宝宝洗澡

为宝宝洗澡可减少对宝宝皮肤的伤害和损害，有利于宝宝的身心健康。持续的给宝宝洗澡，养成良好的生活习惯，对宝宝的健康成长和今后耐心的培养、意志力的养成来说，都是有重要作用的。

帮宝宝洗澡注意事项

全身沐浴能彻底清洁出汗多、经常吐奶宝宝的身体，每周以3～4次为宜。因为对于一些不喜欢水的宝宝而言，洗澡可能会形成压力。而且如果每日使用碱性皂类洗澡，会洗掉皮肤的油分致使宝宝皮肤干燥。如果在宝宝出现感冒症状时洗澡，容易使宝宝吐奶或加重感冒症状，因此这时应当避免洗澡。在给宝宝洗澡之前，要准备好一切必备物品。

洗澡最好选择阳光明媚的上午10点到下午2点左右的时间。洗澡水的温度夏季应为38℃，冬季应为40℃，父母将手肘浸入水中时应感到温暖。沐浴时要关紧门窗，防止有风吹进来。洗澡后直至穿衣服前，应当预先使房间内的温度保持恒定。洗澡的时间以5～10分钟为宜。

帮宝宝洗澡的步骤

在脐带愈合之前，肚脐容易感染细菌，引起发炎。因此，较之将整个身体浸泡在浴盆中的全身沐浴，婴儿更加适合部分沐浴。步骤如下：

用浴巾缠住肚脐部位，以防止水进入肚脐。

将妈妈的手掌或脸部专用纱布毛巾沾湿后小心地擦拭宝宝的脸颊。月龄满2个月之前，不宜使用肥皂，否则会刺激到宝宝的眼睛。横抱宝宝，用一只手慢慢润湿宝宝的头，然后直接用毛巾擦干头发。

手掌沾水，轻轻地擦拭宝宝的胸口，然后让宝宝俯卧，擦拭其后背。

把宝宝平放在铺开的毛巾上，擦掉身上的水。这时要注意擦净婴儿手臂的褶皱处和腋窝部位，再帮宝宝穿上衣服。

重点清洁

用拇指和中指指腹，轻轻“捏洗”宝宝颈部肌肤；并以掌心画圆的方式，擦洗宝宝胸部和腹部。

以前臂撑住宝宝头颈，或以俯卧方式，抓住宝宝手臂，然后由上而下柔和地擦拭宝宝四肢和小屁屁。

清洗外生殖器，男宝宝着重阴囊背面，女宝宝则应注意清洗阴唇周围，最好在10分钟内结束洗澡。

洗头洗脸3步骤

为了避免宝宝突然碰到水会被吓到，可用浴巾包裹宝宝，让宝宝抓住浴巾一角，再慢慢放入水中。

将手巾沾湿，先擦完眼周之后，再沿着S字型或3字型擦拭全脸、耳朵、耳背。

一手撑住颈部，一边帮宝宝洗头并轻轻抚摸头皮；未满月前宜用清水清洗，之后再使用洗发精。

帮宝宝穿衣服

宝宝缺乏体温调节能力，因此，应当根据周围环境的温度状况为宝宝选择衣服。冬天适合穿保暖效果好的衣服，夏天适合穿吸汗性强的棉质衣服，款式宜选择方便穿脱的前开式设计。

0~3个月：宝宝背心和宝宝外套

刚出生的宝宝，每天都在温暖的房间里度过。因此，只要有几套婴儿背心和婴儿外套就足够了。也可以用连身的婴儿服代替婴儿外套，夏天可以只给宝宝穿婴儿背心，然后用毛巾包住身体。

早晚、哺乳时或在外面呼吸新鲜空气时，可以按照不同季节给宝宝穿上披肩或外套。

外出时，必须给宝宝穿袜子，戴帽子。出生一个月左右时，宝宝的手脚就会变得非常好动，因此，应该给宝宝穿连身的衣服。

4~6个月：连身兔装

这个时期，宝宝只要睁开眼睛，就一刻都不愿停歇，不停地活动身体，睡觉时也会不断翻身。因此，要给宝宝穿不论怎样活动都不会露出腹部、不会缠住身体的衣服，连身兔装就是很好的选择。有些兔装在腰部设有钮扣，将上装和下装连成一体。早晚或外出时一定要根据温度变化另外准备前开襟的衣服。

7~12个月：便于穿脱和活动的设计

此时宝宝日益活跃，爬行和扶着物体行走的能力有了飞快的长进。

不仅限于夏季，在天气比较凉爽时，宝宝也会因为运动而大量出汗。因此，一定要选择吸汗性强、便于穿脱的衣服。这时适合给宝宝穿上衣和下装分开的衣服，可分别换穿。衣服的材料应选择纯棉或纯毛等柔软的质料。

穿开襟衣物

先将衣服摊平于床上，妈咪一手抓住袖子末端，一手抓住宝宝肘部，塞入袖内时，避免折到宝宝手指。上衣要由上往下扣，如果是按扣式，妈咪手指要伸进衣内、垫在扣子下方，以免压迫宝宝腹部。

穿连身兔装时，要注意腋下的扣子是否扣齐；裤扣则应由下往上扣起，避免扣错再重扣的情况。

穿脱T恤

先用2只手将领口撑大，轻轻抬起宝宝头部，避免摩擦到鼻子和耳朵，再将头套进T恤中。

将一只手伸入袖口内等着，另一只手则辅佐宝宝手臂伸入袖内，待接住宝宝手腕，再往袖口方向穿出。调整衣服领口和褶皱。如果衣服的领口不够大，可将T恤下部卷起，穿脱时会更方便、不卡手。

营造舒适的睡眠环境

良好的睡眠对宝宝的生长发育非常重要，因为新生儿在睡眠时会分泌大量的生长激素，所以，有人说新生儿是在睡眠中长大的。睡眠不仅是新生儿的主要任务，也是评价新生儿作息是否规律的主要指标。

让宝宝安心睡觉

妈妈的身旁就是宝宝最安心的睡觉处。如果妈妈睡床，可以将宝宝的床放在妈妈旁边。要为宝宝营造良好的睡眠空间，就要避开窗户侧、门边和靠近墙的地方。因为这些地方容易有凉气进入，不利于宝宝的健康。特别是靠近墙的地方，宝宝翻身时容易撞到墙，因此应当留出充裕的空间。

宝宝的枕头不能太松软，因为宝宝以俯卧姿势睡觉时，脸容易埋到枕头里面，妨碍宝宝的呼吸。被子也要选择薄而轻盈的，因为过厚或者过重的被子会给宝宝带来负担。

宝宝在睡觉时会经常翻身，因此，必须在床四周设置栏杆，以防止宝宝从床上掉下来。另外，宝宝也有可能因为撞到栏杆或装饰物而受伤，因此有必要安装安全缓冲器。

营造一个舒服的睡眠环境

如果温度过热或过冷，宝宝就难以进入睡眠状态，因此应当保持容易使宝宝入睡的温度和湿度。为了宝宝的健康，无论什么季节，室内的温度都应保持在20～22℃左右。

宝宝睡眠最适宜的室内湿度是50%～60%左右，如果因为觉得室内干燥而长时间打开加湿器，那么，房间内的霉菌和灰尘就会滋长，容易引起气喘、过敏和鼻炎等疾病。当利用加湿器提高湿度时，应当经常观察湿度计，看湿度是否适当。

还要避免让电风扇直吹宝宝，在月子中的妈妈

为了宝宝的健康，无论什么季节，室内的温度都应保持在20～22℃左右。

也不可被风直吹，最好使用空调来调整室内的温度。房间内光线要适度，不可太亮，以免刺激宝宝的眼睛。宝宝喜欢睡在比较暗的环境中，光线要柔和点。

抱着宝宝哄他睡觉时，要离宝宝睡觉的小床尽量靠近一点。距离小床越远，宝宝在梦中醒来的机会就越大，所以，要尽可能在靠近小床的地方给宝宝喂奶或哄宝宝入睡。现在提倡宝宝睡觉的小床就放在妈妈睡觉的床边或母婴同床，这样有助于亲子关系的形成。

爸爸妈妈在哄宝宝睡觉之前，应该先把床铺好。如果临时用一只手去整理床上的物品或铺床时，宝宝可能会感觉不舒服而醒来。如果你是由左边将宝宝放下，就把宝宝放在你的左手臂上喂奶，或是哄睡。婴儿床最好不要靠墙，这样方便爸爸妈妈从两边都可以放宝宝躺进去。

再就是要保持妈妈与宝宝的接触。如果突然离开妈妈的怀抱，新生儿很容易发生惊跳，然后就醒过来。这时，妈妈在放下宝宝的同时，轻轻地拍着宝宝的手臂或者脚，等宝宝睡稳之后，仍要将手留在宝宝身上呆一会儿，也可以唱歌或是说一些有节奏的词语给宝宝听，也可以妈妈跟宝宝一起休息一会，有妈妈在身边，宝宝会感到很有安全感。

帮助入睡的方法

宝宝仰卧睡觉，妈妈可以随时观察宝宝的状态，宝宝睡醒后，可以立即看到妈妈，产生安定感。仰卧时，由于颌骨呈半月型地发育，能充分地确保长牙的空间。仰卧时婴儿猝死的概率非常低。宝宝仰卧睡觉时，可以不时调整宝宝的睡姿，防止后脑勺过扁。

此外，人的心脏靠近腹部，所以当宝宝俯卧时，血液更容易进入心脏，循环器官的活动变得更加轻缓。宝宝在妈妈的腹中一直采取蜷曲的姿势，所以俯卧时宝宝更容易酣睡。

但是，尚不能挺起脖子的宝宝俯卧时，一旦翻身不慎，就会使鼻子埋入枕头里，无法呼吸到氧气，导致窒息死亡。因此，如果使宝宝俯卧睡觉，父母就必须一直在一旁照顾。

宝宝的各种睡姿

陪伴宝宝入睡，虽然可以带给宝宝安全感，但最好是在清醒的情况下，以免因为翻身而压伤宝宝。

趴睡，可以让宝宝拥有漂亮头型和脸型。但不适合还不能挺起脖子的宝宝，以免鼻子埋入枕头，造成窒息。

仰睡，能让宝宝颌骨呈半月型发育，牙齿也会长得比较漂亮。另一优点是入睡前和睡醒后，都能看到爸妈。

趴睡不适合还不能挺起脖子的宝宝，以免造成窒息。

喂宝宝吃断乳副食品

大部分妈妈非常重视乳汁的喂养，但却认为断乳替代食品是辅助性营养食物。实际上，断乳替代食品是决定宝宝饮食习惯的重要因素，将对幼儿期的健康和大脑发育产生影响。让我们了解不同月龄的宝宝适合摄取的断乳替代食品。

宝宝开始断乳了

开始断乳，对宝宝而言是体验一个崭新世界的起点。因为从这时起，一直以母乳和奶粉为主食的宝宝，能够品尝从未体验过的食物味道。通常宝宝出生2个月后就可以喂少量的果汁，不过，过早地让宝宝品尝甜食，等到正式吃谷物时，宝宝就会抗拒，因此要注意才行。

开始断乳的时期因宝宝的成长过程而异，但通常可在4～6个月时进行。如果过早喂断乳替代食品，容易引起腹泻或过敏；如果过迟，就会产生成长缓慢、免疫功能低下、偏食等负面影响。

每喂食一种新的副食品，必须注意宝宝的粪便及皮肤状况有无过敏反应。如有没有腹泻、呕吐、皮肤红疹等，一次喂食一种新食物，如此可知何种食物会引起过敏。若宝宝适应良好，3～5天后才可换另一种新食物。如有异状发生，必须暂停喂食，待症状消失一阵子再喂食看看；如仍有异状，即停止喂食该种食物，并带宝宝去看医生。添加副食品后，婴儿的大便可能会较软，有时一些切碎的食物会原封不动的排出，只要大便不稀就没有关系。

断乳初期（4～6个月）

此时婴儿所需大部分的营养依靠母乳获得，出生后4个月起慢慢地开始断乳。早期喂断乳食物的主要目的是让宝宝熟悉吃其他食物的方法。

断乳食物宜从谷物开始。先给宝宝喂米磨细后做成的米粥，然后以1周为间隔轮换着喂各类蔬菜、海带汤、鱼汤等。每过一个月，逐渐地增加粥的浓

断乳食物宜从谷物开始。先给宝宝喂米磨细后做成的米粥。

度，6个月以后可以将各类蔬菜、鱼和肉等磨碎后添加到粥里。面粉容易引起过敏，因此要最后喂宝宝。

母乳最好每天喂4～5次。如果是奶粉，每天喂4～5次，一次喂150～210毫升。出生后4个月起开始喂断乳食物，4～5个月时每天喂一次，6～7个月时喂两次。刚开始断乳时，给宝宝喂两三汤匙，然后逐渐加量。喂新的食物时，应以1～2周为间隔添加一种新食物，如果宝宝对新食物过敏，应当立即中止。

断乳中期（7～9个月）

给宝宝喂2～3个月的米粥和蔬菜粥后，从6个月起就可以喂肉粥。

将不含油的瘦肉磨碎后加入断乳食物中喂食，像是鸡肉的肉质柔软且易消化，牛肉也可以。宝宝习惯新口味之后，可以交替着喂食。

牛奶每天可喂3～4次，每次喂180～210毫升。断乳食物一天可喂两次，上午10点和下午3点各一次，随后逐渐在早、午、晚各喂一次。6～9个月左右时，应当让宝宝养成饮食习惯。早、中、晚各喂一次断乳食物，在两餐之间喂两次间食。喂间食时，不要喂牛奶，可以喂水果、蔬菜、乳酪、肉等。

断乳后期（10～12个月）

这个时期，应当增加断乳食物的量，一天喂三次。断乳食物可以作为宝宝所需要营养的主要来源，但不能因此而急遽地减少奶粉量。母乳或奶粉仍占有一半的热量。

此外，能从脂肪获得的热量必须保持在整体热量的一半以上，所以最好喂3～4次奶。从这时起，如果宝宝没有过敏等反应，就可以均衡地喂谷类、蔬菜、鸡蛋、鱼、肉、水果等类食物。有些妈妈用豆奶代替牛奶，但豆奶在提供蛋白质以及吸收矿物质等方面不能完全取代牛奶。这时的宝宝还不能咀嚼，如果直接喂米饭，只能直接吞咽，如此一来，很容易让宝宝在日后排斥吃饭。

奶粉每日可喂3次左右，每次喂210～240毫升。如果是母乳喂养，在周岁之前可以直接喂母乳。无论是奶粉还是母乳，每天都要喂3次断乳替代食品。喂替代食品之后喂奶粉或母乳，如果一天喂4次奶粉，可在睡前多喂一次。每餐断乳食物的量至少要在120毫升以上，并训练宝宝使用杯子喝牛奶。

如果一天喂4次奶粉，可在睡前多喂一次，并训练宝宝使用杯子喝牛奶。